Süßes
für die Seele

Wir danken allen, die mit viel Einsatz und Engagement zur Entstehung dieses Buches beigetragen haben:

Hartmut Kiesewetter, Kathrin Kiesewetter, Caroline Kiesewetter, Ralf Stech, Frauke und Friedel Köster, Susanne Pardigon, Silke Richert, Dina-Marie Richert, Helene Richert, Viola Ehlers, Katrin Forche-Thomsen, Karin Braubach-Winkel, Maren Winter, Margret Plüschau, Henrikje Plüschau, Diedrich Plüschau, Marlies Golly, Gabriele Schmidt, Sabina Fromberg, Knud Fromberg, Cornelia Kohlhöfer, Sylvia Schneider, Teresa Kowalska, Anne-Katrin Lange, Pastor Ingo Pohl, Nadine Jacobs, Olaf Krause, Gabriele und Lutz-Henning Walter, Ulrike Albrecht, Renate und Siegfried Albrecht, Florian Albrecht, Diana Dau, Minni Witt, Annette Mahr, Helga Balke, Jan-Timo Balke, Sina Balke-Juhn mit Yannick, Inke Hach, Mark Beyer, Martina Hamann, Brigitte Krull, Stefan Bloch, Ilse Caputo, Miriam Peters, Kerstin Meurer, Axel Neumann, Sandra Thomsen, Nicole Stoppel-Wendt, Wolfgang Baum, Oma Geli, Bastian, Felix, Celine, Lucas, Architekt Ulrich Viereck, Elke Meyn, Jürgen Sachs, Sibylle Stromberg, NABU Naturzentrum Katinger Watt.

BOYENS
BUCHVERLAG

ISBN 978-3-8042-1379-1

3. aktualisierte Auflage 2016

Autorin: Marion Kiesewetter
Redaktion: Marion Kiesewetter
Fotos: Ursula Sonnenberg, Hans Dieter Kellner
Promotion: Hartmut Kiesewetter
Herstellung: Boyens Buchverlag
Herstellungsbetreuung: Tanja Sponholz
Druck: Kösel, Krugzell
Printed in Germany

Marion Kiesewetter

Süßes für die Seele

Himmlische Rezepte
aus norddeutschen Cafés

Fotos von Ursula Sonnenberg
und Hans Dieter Kellner

BOYENS

Lage der Cafés

Marien-Café
Flensburg

Flensburg

Café Zauberbuche
Stedesand

Café-Kranz
Niesgrau

Café mit Sti(e)l
Jübek

Schleswig

Husum

Tortenstübchen
Eckernförde

Die Waffel Stube
Tating

Kiel

Café & Restaurant Mahre
Katinger Watt

Rendsburg

Plön

Eutin

Heide

Neumünster

Café Küstenperle
Friedrichskoog

Café Zum alten Pastorat
Brunsbüttel

Itzehoe

Lübeck

Bad Oldesloe

Elmshorn

Marschcafé
Hohenhorst

Ratzeburg

Inhalt

So fängt es meistens an …

Liebe Leserinnen, liebe Leser,

dieses ist nun schon die Nummer 5 meiner Café-Bücher, in denen ich Ihnen die attraktivsten Cafés zwischen Hamburg und Flensburg vorstelle, eine unglaubliche Erfolgsserie! Vom Traditionscafé der alten Schule über Modernes bis zum Hofcafé auf dem Lande ist alles vertreten, was ich auf meinen Streifzügen durch unsere schöne Heimat entdeckt habe.

Jedes einzelne Café meiner neuen Auswahl ist optisch und lukullisch etwas Besonderes, bietet Kaffeegenuss für Feinschmecker sowie Torten und Kuchen vom Feinsten – eben Süßes zum Anbeißen.

Alle durch die Bank haben Omas Backstube entstaubt und kreieren neue Kuchen und Torten, basierend auf alten beliebten Rezepten. Viele von Ihnen, liebe Leserinnen und Leser, machen es mir nach und besuchen die Cafés. Sie berichten mir immer wieder, wie sich die Ausflüge gelohnt hätten – wegen der Gaumenfreuden und der Entdeckung schöner Ecken im Norden Deutschlands.

Den Hamburger Fotografen Ursula Sonnenberg und Hans Dieter Kellner ist es wieder einmal gelungen, alle Cafés und viele Kuchenangebote „ins rechte Licht zu rücken".

Entdecken Sie diese Cafés und vor allen Dingen die sensationellen Rezepte auch für sich, die die überragenden Konditoren uns verraten haben.

Ihre
Marion Kiesewetter

Marien-Café

Tresen mit Tortenvitrine in der Backstube.

Die Café-Besitzerin Kerstin Meurer erzählte mir: „Ich bin gelernte Hotelfachfrau und stamme ursprünglich aus dem schönen Schleswig an der Schlei. Ich hatte aber immer schon den Traum, einmal ein Café zu besitzen. Hier wollte ich dann mit viel Fantasie interessante Kuchen- und Tortenrezepte entwickeln und in die Praxis umsetzen. Auch träumte ich von vielseitigen Frühstücksangeboten mit viel frischem Obst, Salaten und frischen Kräutern dekorativ angerichtet. Alles sollte aus dem Rahmen fallen. Diese Träume in meinem Kopf ließen mich nicht mehr los. Als die Räumlichkeiten in der Flensburger Norderstraße zur Vermietung standen, da war es um mich geschehen. Ich habe gesagt: ,Jetzt fange ich an!'. Am 3. Juli 2007 konnte ich das Marien-Café eröffnen: das Haus der 1000 Kaffeekannen, denn mehr konnte

ich nicht unterbringen. Diese sind inzwischen unser Markenzeichen geworden. Es fing einmal mit 20 Kannen an, die wir für Dekorationszwecke geschenkt bekamen. Diese animierten dann meine Gäste, uns immer mehr Kannen zu bringen. Inzwischen sammle ich nicht nur Kaffeekannen, sondern auch Teekannen. Ich besitze

mittlerweile 1200 Teekannen – der Rest sind Kaffeekannen – insgesamt über 3000 Stück.

In meinem Café backe ich alles selbst, von den verschiedenen Böden bis zu individuellen Füllungen und ausgefallenen Dekorationen. Insgesamt biete ich übers Jahr verteilt 30 verschiedene Kreationen an. Der Frühling startet mit Erdbeeren, Stachelbeeren, Rhabarber und der ganzen weiteren Obst-Vielfalt. Im Winter sind Schokolade, Nüsse und Marzipan angesagt. An keinem Tag der Woche darf unsere Trümmertorte fehlen, sie ist das absolute Highlight in allen Variationen, Hauptsache Trümmer sind oben drauf. Es werden alle Kuchen und Torten auch außer Haus verkauft, zudem gibt es einen Lieferservice. Besondere Wünsche werden nach Absprache gerne berücksichtigt.

Sie fragen mich wie ich das Pensum durchhalte? Dazu muss ich sagen: ich bin eine leidenschaftliche Saunagängerin, jeden 2. Tag genieße ich sie, da dampft alles heraus, da wird die Seele gereinigt, da schöpfe ich neue Kraft.

Ich biete ja nicht nur Kaffee und Kuchen an, sondern bei mir können Sie auch täglich ab acht Uhr frühstücken. Wir haben verschiedene Variationen und nehmen bei den Gästen auch auf Unverträglichkeiten Rücksicht. Es gibt lustigerweise auch Gäste, die morgens um acht Uhr schon ein Stück Torte essen. Wir sind darauf eingestellt, und unser Tortentresen ist schon sehr früh mit frisch gebackenen Kuchen und Torten bestückt. Wir haben seit Jahren ein großes Stammpublikum aus Gästen, die fast schon Familienmitglieder sind. Aus Platzgründen mussten wir uns aber verändern und fanden die wunderschöne Jugendstil-Villa aus dem Jahre 1902 an der Ballastbrücke 22, direkt am Hafen. Am 4. Januar 2013 haben wir dort eröffnet. 3000 Kaffee- und Teekannen bekamen ein neues Zuhause. Die Kannen sind mir so ans Herz gewachsen, ich kenne jede einzelne und die Ge-

Gegenüber des Marien-Cafés befindet sich der Sportboot-Anleger. Man kann mit seinem Boot festmachen, im Café gemütlich Kaffee trinken und weiter fahren.

xe und alten Backutensilien.

Endlich können wir auch größere Feierlichkeiten wie Geburtstage, Jubiläen, Konfirmationen u.s.w. ausrichten, denn die einzelnen Räume lassen sich durch Schiebetüren separieren. Unsere Außenterrasse bietet Platz für 20 Personen, und im Garten unter der wunderschönen Rotbuche finden 20 weitere Gäste Platz. Zur großen Freude unserer Gäste haben wir direkt vor dem Haus einen großen Parkplatz. Wir vermieten noch drei Ferienwohnungen, zwei davon in der Villa. Man kann also hier bei uns im Marien-Café seinen Urlaub verbringen und Ausflüge in die Umgebung bis ins nahe Dänemark machen, bei uns das köstliche Frühstück genießen und nachmittags im Garten bei Kaffee und Kuchen relaxen. Wir sind eine tolle Truppe: mein lieber Mann Axel, der mir immer zur Seite steht, unsere Kinder Bastian, Felix, Celine und Lucas. Alle Fami-

schichte dazu. Meine Kannen ziehen immer mit, wo ich auch hinziehe. Bei uns im Café sind sie ausgestellt und zu bewundern. Dank meines Mannes Axel, der sie mit viel Geduld und Langmut aufgehängt und aufgestellt hat. Mit den Kannen sind natürlich auch alle meine Mitarbeiter und ganz wichtig, unsere langjährigen Stammgäste umgezogen (also halb Flensburg zog um).

Hier im neuen Marien-Café haben wir sehr viel mehr Platz. Wir haben jetzt drei Café-Räume und innen insgesamt Platz für 80 Personen. Jeder Raum hat seinen eigenen Namen: da gibt es die Teestube, in ihr befinden sich nur Teekannen, die Kaffeestube, natürlich nur mit Kaffeekannen bestückt, und die Backstube mit Kuchentresen, einer funktionierender Feuerhe-

Geschmackvoll eingerichtete Backstube mit sich anschließender Teestube: Kannen, soweit das Auge reicht.

lienmitglieder packen mit an, und Oma Gelis Marmeladen sind weit über die Grenzen Schleswig-Holsteins bekannt.

Direkt gegenüber dem Café befindet sich ein Sportboot-Anleger. Es gibt Gäste, die die Förde entlang fahren, im Hafen festmachen, sich gegenüber in unserem Café stärken und anschließend weiter fahren. 50 m vom Haus entfernt hält der Linienbus Nr. 5, und schräg gegenüber befindet sich ein großer Parkplatz für Reisebusse". Das wunderschöne Marien-Café ist also für jeden gut erreichbar.

Die beeindruckende Villa im

leuchtenden Schwedenrot mit weißem Stuck zählt für mich zu den Schönheiten des Nordens und ist einen, nein: ganz viele Besuche wert.

Teestube mit Flensburger-Rum-Torte.

Flensburger Rumtorte

Biskuit:
5 Eier
225 g Zucker
100 ml Wasser
½ Pck. Backpulver
225 g Mehl

Eier trennen. Eiweiß mit 75 g Zucker kräftig aufschlagen, bis es eine feste Konsistenz erreicht hat. Parallel das Eigelb mit 150 g Zucker und 100 ml Wasser vermengen und solange schlagen bis die Ei-Zuckermasse hellgelb und cremig ist. Eischnee und Ei-Zuckermasse vermengen. Backpulver und Mehl vermischen, darübersieben und unter die Masse heben. Teig in eine mit Backpapier ausgelegte 26-cm-Springform geben und bei 150 °C Heißluft ca. 50 Minuten backen. Anschließend gut auskühlen lassen. Danach den Boden auf eine Tortenplatte setzen und zweimal waagerecht durchschneiden. Den unteren Boden mit einem Tortenring umlegen.

Füllung:
300–400 g Rosinen
200 ml Braasch Rum
200 g Mandelblättchen
100 g Zucker

Die Rosinen 1–2 Tage vorher in Rum einlegen und ziehen lassen. Mandelblättchen auf einem Backblech verteilen, mit Zucker bestreuen und ca. ¼ Stunde bei 200 °C im Backofen rösten.

900 ml Schlagsahne
2 Pck. Vanillezucker
20 Trüffelkugeln

Sahne steif schlagen und kurz vor der Fertigstellung der Sahne den Vanillezucker je nach Geschmacksstärke hinzufügen. Die abgetropften Rum-Rosinen unter die Sahne heben und die Masse auf die Böden schichten. Abschließend die Torte mit gerösteten Mandeln einstreichen und mit den restlichen Rum-Rosinen und Trüffelkugeln dekorieren.

Schwarzer Peter

Zutaten für eine 15 x 35 cm große Brotbackform

10 Eier
2 Pck. Puderzucker (á 250 g)
4 EL Cappuccino-Pulver
675 g Kokosfett
130 g dunkler Kakao
3 Pck. Butterkekse (á 200 g)

Eier schaumig aufschlagen. Puderzucker und
Cappuccino-Pulver dazugeben und vermengen.
In der Zwischenzeit das Kokosfett schmelzen
und zusammen mit dem Kakao in die aufge-
schlagene Masse geben. Brotbackform mit Backpapier auslegen und die Butterkekse darin abwechselnd mit der Schokoladenmasse schichten.
Den schwarzen Peter über Nacht in den Kühlschrank stellen und am nächsten Tag in große
Scheiben schneiden.

Erdbeer-Quark-Torte

BISKUIT:
5 Eier
225 g Zucker
100 ml Wasser
½ Pck. Backpulver
225 g Mehl

Eier trennen. Eiweiß mit 75 g Zucker kräftig aufschlagen, bis es eine feste Konsistenz erreicht hat. Parallel das Eigelb mit 150 g Zucker und 100 ml Wasser vermengen und solange aufschlagen bis die Ei-Zuckermasse hellgelb und cremig ist.

Eischnee und Ei-Zuckermasse vermengen. Backpulver und Mehl vermischen, darübersieben und unter die Masse heben. Teig in eine mit Backpapier ausgelegte 26-cm-Springform geben und bei 150 °C Heißluft ca. 50 Minuten backen. Anschließend gut auskühlen lassen. Danach auf eine Tortenplatte setzen und einmal waagerecht durchschneiden. Den unteren Boden mit einem Tortenring umlegen.

FÜLLUNG:
750 g Erdbeeren
500 g Speisequark
2 Pck. Vanillezucker
etwas Zitronensaft
130 g Zucker
6 Blatt Gelatine, weiß
500 ml Schlagsahne, geschlagen

Erdbeeren waschen und putzen. Einen Teil davon halbieren, restliche in Scheiben schneiden. Die halbierten Erdbeeren mit der Schnittfläche nach außen einmal um den Tortenring herum auf den unteren Biskuitboden stellen. Die Hälfte der Erdbeerscheiben gleichmäßig auf dem Boden verteilen. Quark mit Vanillezucker, Zitronensaft und Zucker verrühren. Gelatine auflösen und unter die Quarkmasse geben. Sahne unterheben. ¾ der Quarkmasse auf den Erdbeerscheiben verteilen. Den Boden darauflegen und mit der restlichen Masse bestreichen. Torte über Nacht in den Kühlschrank stellen.

GARNIERUNG:
1 Pck. Tortenguss, rot
250 ml Fruchtsaft
Erdbeeren zum Verzieren

Restliche Erdbeerscheiben auf dem Deckel verteilen. Guss mit dem Saft nach Packungsanleitung zubereiten und auf die Erdbeeren geben. Nach Geschmack mit ganzen Erdbeeren und weißen Schokostäbchen verzieren.

Flotter Flieder

1 GLAS

200 ml Fliederbeersaft
2 cl Braasch Rum
Mark 1 Vanilleschote
Kandis nach Geschmack

Fliederbeersaft erhitzen. Rum und Vanillemark hinzugeben und verrühren.

Glühwein-Spekulatius-Torte

BISKUIT:
5 Eier
225 g Zucker
100 ml Wasser
200 g Spekulatiuskekse
3 TL Spekulatiusgewürz
½ Pck. Backpulver
225 g Mehl

Eier trennen. Eiweiß mit 75 g Zucker kräftig aufschlagen, bis es eine feste Konsistenz erreicht hat. Parallel das Eigelb mit 150 g Zucker und 100 ml Wasser vermengen und solange schlagen bis die Ei-Zuckermasse hellgelb und cremig ist. Eischnee und Ei-Zuckermasse vermengen und die zerbröckelten Spekulatius, Spekulatiusgewürz, Backpulver und gesiebtes Mehl unter die Masse heben. Teig in eine mit Backpapier ausgelegte 26-cm-Springform geben und bei 150 °C Heißluft ca. 50 Minuten backen. Anschließend gut auskühlen lassen. Danach auf eine Tortenplatte setzen und zweimal waagerecht durchschneiden. Den unteren Boden mit einem Tortenring umlegen.

FÜLLUNG:
2 Gläser Sauerkirschen (á 680 g Füllmenge)
ca. 150 ml Glühwein
1 Schuss Amaretto
2 Pck. Vanillezucker
je 1 TL Gewürze: Zimt, Anis, Nelken, Kardamom, Koriander
80 g Speisestärke
800 ml Schlagsahne, geschlagen

Kirschen zusammen mit Glühwein, Amaretto, Vanillezucker und Gewürzen einkochen, abschmecken und mit der glatt gerührten Speisestärke abziehen. Danach abkühlen lassen. Abwechselnd die Sahne mit den Glühweinkirschen und den Biskuitböden schichten. Glühweintorte abschließend mit Sahne und gebröckelten Spekulatius einstreichen und weihnachtlich verzieren.

Winterrolle

Zutaten für einen eckigen Biskuitboden:

5 Eier
225 g Zucker
100 ml Wasser
½ Pck. Backpulver
225 g Mehl

Eier trennen. Eiweiß mit 75 g Zucker kräftig aufschlagen, bis es eine feste Konsistenz erreicht hat. Parallel das Eigelb mit 150 g Zucker und 100 ml Wasser vermengen und solange schlagen bis die Ei-Zuckermasse hellgelb und cremig ist. Eischnee mit der Ei-Zuckermasse vermengen. Backpulver und Mehl vermischen, darübersieben und unter die Masse heben. Den Teig auf ein mit Backpapier ausgelegtes eckiges Backblech streichen und bei 150 °C Heißluft ca. 50 Minuten backen. Anschließend gut auskühlen lassen.

Füllung:

250 g Vollmilch-Lebkuchen
200 g Aprikosenmarmelade
300 ml Schlagsahne
1 Pck. Vanillezucker
einige Spekulatiuskekse

Die Lebkuchen am besten mit einer Küchenmaschine zerkleinern und 2–3 EL Aprikosenmarmelade darunter rühren. Die Masse wird etwas klebrig!! Sahne mit dem Vanillezucker steif schlagen (etwas zum Einstreichen beiseite stellen). Den Biskuitboden mit der Lebkuchen-Marmeladenmischung bestreichen. Darauf die Sahne verteilen und abschließend die restliche Aprikosenmarmelade. Das Ganze dann vorsichtig aufrollen und leicht zusammendrücken. Winterrolle mit Sahne einstreichen, Spekulatiuskekse zerbröckeln und damit bestreuen. Für kurze Zeit in die Kühlung stellen. Die Rolle ergibt ca. 8–12 Stücke.

Marien-„Kaffee"-Torte

SCHOKO-BISKUIT:

5 Eier
225 g Zucker
100 ml Wasser
2 EL dunkler Kakao
½ Pck. Backpulver
225 g Mehl

Eier trennen. Eiweiß mit 75 g Zucker kräftig aufschlagen, bis es eine feste Konsistenz erreicht hat. Parallel das Eigelb mit 150 g Zucker und 100 ml Wasser vermengen und solange schlagen bis die Ei-Zuckermasse hellgelb und cremig ist. Eischnee und Ei-Zuckermasse vermengen. Kakao, Backpulver und Mehl vermischen, darübersieben und unter die Masse heben. Teig in eine mit Backpapier ausgelegte 26-cm-Springform geben und bei 150 °C Heißluft ca. 50 Minuten backen. Anschließend gut auskühlen lassen. Danach auf eine Tortenplatte setzen und zweimal waagerecht durchschneiden. Den unteren Boden mit einem Tortenring umlegen.

FÜLLUNG:

900 ml Schlagsahne
Cappuccino-Pulver
Kaffeelikör
Milchstreusel

Sahne steif schlagen und kurz vor der Fertigstellung der Sahne Cappuccino-Pulver und Kaffeelikör, je nach Geschmacksstärke, hinzufügen. Cappuccino-Sahne abwechselnd mit den Schoko-Biskuitböden schichten. Abschließend mit den Milchstreusel einstreichen und nach Geschmack mit Kaffeebohnen dekorieren.

Ananas-Kokos-Torte

BISKUIT:

5 Eier
225 g Zucker
100 ml Wasser
½ Pck. Backpulver
225 g Mehl

Eier trennen. Eiweiß mit 75 g Zucker kräftig aufschlagen, bis es eine feste Konsistenz erreicht hat. Parallel das Eigelb mit 150 g Zucker und 100 ml Wasser vermengen und solange schlagen, bis die Ei-Zuckermasse hellgelb und cremig ist. Eischnee und Ei-Zuckermasse vermengen. Backpulver und Mehl vermischen, darübersieben und unter die Masse heben. Teig in eine mit Backpapier ausgelegte 26-cm-Springform geben und bei 150 °C Heißluft ca. 50 Minuten backen. Anschließend gut auskühlen lassen. Danach auf eine Tortenplatte setzen und zweimal waage-recht durchschneiden. Den unteren Boden mit einem Tortenring umlegen.

FÜLLUNG:

1 frische Ananas
900 ml Schlagsahne
1 Schuss Ananassaft
2 Pck. Vanillezucker
200 g Kokosraspel
10 weiße Trüffelkugeln

Ananas in Stücke schneiden. Einige Stücke für die Deko beiseite legen, Saft auffangen. Sahne steif schlagen (etwas für das Einstreichen reservieren) und kurz vor der Fertigstellung der Sahne einen Schuss Ananassaft, Ananasstücke und Vanillezucker hinzufügen. Anschließend abwechselnd Ananassahne und Biskuitböden schichten. Mit restlicher Sahne einstreichen, mit Kokosraspel dekorieren und mit den restlichen Ananasstücken und den weißen Trüffelkugeln verzieren.

Café Zauberbuche

CAFÉ ZAUBERBUCHE

Stedesand ist eine Gemeinde in Nordfriesland, recht zentral gelegen, nahe der dänischen Grenze. Die Familie Richert hat es 2001 aus Niedersachsen hierher verschlagen, weil Vater Frank aus beruflichen Gründen einen neuen Wirkungskreis fand. Die Familie zog nach und wurde hier sesshaft. Stedesand ist ein idyllischer Ort mit sehr schönem, alten Baumbestand. Der älteste Baum ist eine 280 Jahre alte Eiche. Die Buche, die dem Café den Namen gab, ist 220 Jahre alt. Beide stehen im Park vor dem ehemaligen Pastorat aus dem Jahre 1791, und als dieses abgerissen werden sollte, griff die Familie Richert zu, um daraus ein Café zu machen. Drei Jahre bauten Silke und Frank um und konnten am 24. Juni 2011 das Café Zauberbuche eröffnen. Silke hat den Beruf der Hauswirtschaftsleiterin und später der Arbeitspädagogin erlernt, was ihr im heutigen Familienbetrieb zugute kommt. Sie hat auch immer schon gern gebacken. Besonders ihre leckeren Torten sind sensationell. Silke verwendet gerne die Früchte der Region: Kirschen, Äpfel, Birnen, Pflaumen, Quitten und vieles

Der lichtdurchflutete Innenraum des Cafés, mit Blick in den Wintergarten, strahlt positive Schwingungen aus. Alt und modern haben sich wunderbar miteinander verbunden.

mehr. Ein großer Teil hiervon wächst im eigenen Garten – ist also garantiert Bio. Die charmante Silke erzählt: „Unser Highlight unter den Torten ist die sogenannte Nordseewelle; sie darf nie fehlen. Sie wird immer unterschiedlich gefüllt, mal mit Stachelbeeren, Mirabellen oder mit Mandarinen".

Im Café gibt es 50 Plätze, und die Außenterrasse verfügt über 15 weitere. Hier unter der alten Buche zu sitzen, das Rauschen ihres Laubes zu hören, ist ein unglaublich romantisches Erlebnis.

„Den großen Raum des Cafés kann man in mehrere kleine Räume unterteilen und individuell gestalten, so dass kleinere Gesellschaften gemütlich beisammen sitzen können. Auch für Tagungen sind die Räume geeignet, es gibt sogar Beamer-Anschlüsse."

Jeden zweiten Sonntag im Monat findet ab zehn Uhr ein Brunch mit open end statt. Hierbei kann man die ganze Familie Richert in voller Aktion erleben. Die hübschen und freundlichen Töchter Dina-Marie und Helene sind mit Leib und Seele dabei und lassen den Brunch zum Erlebnis werden. Auch Ehemann Frank packt mit an.

Doch nicht nur auf Tagesausflügler ist die „Zau-

Namensgeberin des Café „Zauberbuche" ist die 220 Jahre alte Buche.

Das alte Pastorat liegt auf einer Warft, ist 1791 erbaut und gehört zu den ältesten Gebäuden im Dorf. Umgeben von uraltem Baumbestand kommt man auf der Terrasse bei Kaffee und Kuchen ins Träumen: eine Wohlfühloase für jedermann.

berbuche" vorbereitet, sondern man kann in den zwei schönen Ferienwohnungen für vier bzw. sechs Personen Urlaub machen und von hier aus reizvolle Tagesausflüge in die wunderschöne Umgebung unternehmen. Zum Legoland in Dänemark fährt man 2 Stunden, nach Westerland auf Sylt ist es gerade mal eine ¾ Stunde und vom nahe gelegenen Dagebüll erreicht man die Inseln Föhr und Amrum

Das Café Zauberbuche in Stedesand liegt sehr ruhig und ist für Besucher und Feriengäste ein Eldorado der Erholung. Das ganze Café ist rollstuhlgerecht gestaltet. Die Familie Richert freut sich auf ihre Besucher und wird sie in ihrer freundlichen Art und Weise gern empfangen.

Tortenbuffet mit gedecktem Apfel- kuchen, Apriko- sen-Buttermilch- Torte, Violas Blütentorte und Apfel-Marzipan- Torte.

Mohnstreuselkuchen

MÜRBETEIG:
160 g Zucker
330 g Butter
500 g Weizenmehl
1 Ei
1 Eigelb
1 Msp. Salz
½ TL Vanillezucker

Aus den Zutaten einen Mürbeteig bereiten und ½ Stunde in den Kühlschrank stellen. ⅓ vom Teig für die Streusel abnehmen.

FÜLLUNG:
260 ml Vollmilch
200 g Zucker
120 g Butter
400 g gemahlener Mohn
2 Eier
50 g süße Brösel (altes Gebäck)
1 Msp. Vanillemark

Milch, Zucker und Butter aufkochen. Danach Mohn, Eier, süße Brösel und Vanillemark in die nicht mehr kochende Flüssigkeit rühren.
⅔ Mürbeteig ausrollen und ohne Rand in eine 28-cm-Springform legen. Die Mohnmasse darauf verteilen und die Mürbeteig-Streusel darauf geben. Im vorgeheizten Backofen bei 180 °C ca. 25 Minuten backen.

Violas Blütentorte

RÜHRTEIG:
200 g Butter
200 g Zucker
1 Ei
400 g Mehl
abgeriebene Schale von 1 Zitrone
oder Orange, unbehandelt
od. Mark von 1 Vanilleschote.

Aus den Zutaten einen Rührteig herstellen, in eine 20-cm-Springform füllen und im vorgeheizten Backofen bei 170 °C ca. 45 Minuten backen. Anschließend auskühlen lassen und zweimal waagerecht durchschneiden. Unteren Boden auf eine Tortenplatte setzen.

FÜLLUNG/BUTTERCREME:
1 Teil Butter
1 Teil Puderzucker
(für 600 g also 300 g Butter
300 g Puderzucker)
Aromen nach Belieben:
abgeriebene Zitronen- oder Orangenschale,
unbehandelt
oder Mark 1 Vanilleschote

Butter schön luftig schlagen. Puderzucker und Aromen hinzugeben und immer weiter schlagen.

MARMELADE:
je nach Buttercremearoma
1 Glas Orangenmarmelade
oder
1 Glas Himbeermarmelade (Vanillearoma)

Den unteren Boden mit Marmelade und einer ganz dünnen Schicht Buttercreme bestreichen. Den zweiten Boden daraufsetzen und wieder

TIPP:
Rollfondant ist eine Einschlagmasse auf Zuckerbasis für Torten aller Art und in vielen verschiedenen Farben erhältlich.

ÜBERZUG:
Marzipan
Rollfondant
Zuckerblüten

mit einer dünnen Schicht Buttercreme bestreichen. Dritten Boden daraufsetzen. Die Torte dünn mit Marmelade und Buttercreme überziehen. Kühl stellen und etwas antrocknen lassen.

Die Torte zuerst mit Marzipan, dann mit Rollfondant überziehen. Keine Mengenangabe, hier kommt es darauf an, wie dick man den Überzug haben möchte. Mit Zuckerblüten aus Fondant dekorieren.

Aprikosen-Buttermilch-Torte

Biskuit:
3 Eiweiß
100 g Zucker
1 Prise Salz
3 Eigelb
40 g Vanille-Puddingpulver
60 g Mehl

Eiweiß, Zucker und Salz steif schlagen. Eigelb nach und nach unterrühren. Puddingpulver und Mehl darübersieben und unterheben. Teig in eine mit Backpapier ausgelegte 28-cm-Springform füllen und im vorgeheizten Backofen bei 160 °C 35 Minuten backen. Anschließend gut auskühlen lassen. Boden auf eine Tortenplatte setzen und einmal waagerecht durchschneiden. Um den unteren Boden einen Tortenring legen.

Füllung:
1 gr. Dose Aprikosen
(350 g Abtropfgewicht)
12 Blatt Gelatine, weiß
500 ml Buttermilch
Saft und Schale einer Zitrone, unbehandelt
75 g Zucker
1 Pck. Vanillezucker
2 Becher Schlagsahne
(á 200 ml), geschlagen

Aprikosen abtropfen lassen, Saft auffangen. Gelatine in kaltem Wasser einweichen. Buttermilch, Zitronensaft und -schale, Zucker und Vanillezucker verrühren. Aprikosen klein schneiden und dazugeben. Gelatine ausdrücken, auflösen und zur Buttermilch geben. Wenn die Masse anzieht, die Sahne unterheben. Füllung auf dem unteren Boden verstreichen und mit dem zweiten Boden bedecken. Torte für fünf Stunden kühl stellen, am besten über Nacht.

Guss:
1 Pck. Tortenguss, weiß
250 ml Aprikosensaft
2 EL Zucker

Tortenguss nach Packungsanleitung mit Saft und Zucker zubereiten und auf dem oberen Boden verstreichen. Mit Sahnetupfen und Aprikosenscheiben verzieren.

Mascarpone-Torte mit Kirschen und Baiser

BISKUIT:
4 Eier
125 g Zucker
100 g Mehl
100 g Speisestärke
2 TL Backpulver
50 g gem. Mandeln

Eier trennen. Eiweiß und 4 EL Wasser steif schlagen. Zucker langsam einrieseln lassen. Eigelb nacheinander unterrühren. Mehl, Stärke, Backpulver und Mandeln unterheben. Teig in eine mit Backpapier ausgelegte 28-cm-Springform füllen und glatt streichen. Im vorgeheizten Backofen bei 175 °C/Umluft 150 °C 30–35 Minuten backen. Anschließend gut auskühlen lassen. Den Boden auf eine Tortenplatte setzen und zweimal waagerecht durchschneiden. Den unteren Boden mit einem Tortenring umlegen.

FÜLLUNG:
1 Glas Schattenmorellen
(360 g Abtropfgewicht)
30 g Speissestärke
130 g Zucker
1 Pck. Vanillezucker
3 EL Amaretto
2 Zitronen, unbehandelt
500 g Mascarpone
150 g saure Sahne
250 g Schlagsahne, geschlagen

Kirschen abgießen, Saft auffangen. Saft aufkochen, mit der Stärke, 30 g Zucker und Vanillezucker andicken und die Kirschen unterheben. Unteren Boden mit Amaretto beträufeln, Kir-

schen darauf verteilen und mit dem zweiten Boden bedecken. Ca. 1 Stunde kühl stellen. Zitronenschale abreiben, Mascarpone, saure Sahne, restlichen Zucker (100 g), Zitronenschale und –saft vorsichtig verrühren. Geschlagene Sahne unterheben. ⅓ der Masse auf den zweiten Boden streichen und mit dem dritten Boden belegen. Tortenring entfernen und die ganze Torte mit der restlichen Creme einstreichen.

BELAG:
200 g Baiser

Baiser leicht zerkrümeln und die Torte damit bestreuen. 2 Stunden kühl stellen.
Siehe Titelfoto.

Nordseewelle

STACHELBEER-BAISER-TORTE

RÜHRTEIG:
125 g Margarine
125 g Zucker
4 Eigelb
5 EL Milch
150 g Mehl
2 gestr. TL Backpulver

Aus den Zutaten einen Rührteig herstellen und auf zwei mit Backpapier ausgelegte 26-cm-Springformen verteilen.

BAISER:
4 Eiweiß
230 g Zucker

Eiweiß steif schlagen, Zucker nach und nach einrieseln lassen und die Masse in Wellen auf beiden Böden verteilen. Im vorgeheizten Backofen bei
160 °C (Umluft 150 °C) 35 Minuten backen. Anschließend gut auskühlen lassen. Den unteren Boden auf eine Tortenplatte setzen.

FÜLLUNG:
1 Glas Stachelbeeren (360 g Abtropfgewicht)
Zucker nach Bedarf
1 Pck. Vanille-Puddingpulver
500 ml Schlagsahne, geschlagen

Stachelbeeren abgießen, Saft auffangen. Saft mit Zucker aufkochen und mit Puddingpulver andicken. Beeren hinzugeben. Abkühlen lassen. Anschließend auf dem unteren Boden verteilen. Geschlagene Sahne auf die Beeren geben und den zweiten Boden darauf setzen.

Gedeckter Apfelkuchen mit Amarettini

MÜRBETEIG:
300 g Mehl
190 g Butter
1 Ei
125 g Zucker
1 EL Vanillezucker

Aus den Zutaten einen Mürbeteig herstellen. $^2/_3$ des Teiges in eine 26-cm-Springform drücken und den Rand schön hochziehen. Restlichen Teig zum Abdecken zurück behalten.

BELAG:
4–5 Äpfel
1–2 EL Zitronensaft
150 g Amarettini

Äpfel schälen, grob würfeln und mit Zitronensaft mischen. Amarettini zerkrümeln und auf dem Mürbeteigboden verteilen. Die Äpfel darauf geben, das restliche Drittel des Teiges ausrollen und darauflegen. Sehr dekorativ kann man aus dem Teig auch ein Gitter bereiten, dazu eignet sich sehr gut eine runde Gitterstanze. Im vorgeheizten Backofen bei 200 °C 35–40 Minuten backen. Gut auskühlen lassen, auf eine Tortenplatte setzen und mit Puderzucker bestäuben.

Apfel-Marzipan-Torte

BISKUIT:
4 Eiweiß
100 g Zucker
4 Eigelb
80 g Mehl
1 gestr. TL Backpulver
40 g Vanille-Puddingpulver

Eiweiß und Zucker mit dem Mixer lange schaumig schlagen. Eigelb hinzugeben und unterrühren. Mehl, Backpulver und Puddingpulver vermischen, darübersieben und mit der Hand unterheben. Teig in eine mit Backpapier ausgelegte 28-cm-Springform füllen und glatt streichen. Im vorgeheizten Backofen bei 200 °C ca. 15 Minuten backen. Danach gut auskühlen lassen. Boden auf eine Tortenplatte setzen und einmal waagerecht durchschneiden. Den unteren Boden mit einem Tortenring umlegen.

FÜLLUNG:
6 Äpfel
1 Tasse Apfelsaft
50–100 g Zucker
1 Pck. Tortenguss, weiß
500 ml Schlagsahne
1 Pck. Vanillezucker

Äpfel schälen und in kleine Stücke schneiden. Anschließend mit Apfelsaft und Zucker kurz aufkochen lassen, so dass sie noch bissfest bleiben. Anschließend in ein Sieb geben und den Saft auffangen. Saft bis zu ¼ l mit Wasser auffüllen und damit den Tortenguss nach Packungsanweisung zubereiten. Die gegarten Äpfel unterheben. Anschließend auf dem unteren Boden verstreichen. Sahne mit Vanillezucker steif schlagen (für die Sahnetupfen etwas beiseite stellen) und die Hälfte auf die Äpfel geben. Mit dem zweiten Boden belegen. Nach Geschmack mit ein paar Tropfen Apfelsaft tränken. Restliche Sahne auf den zweiten Boden streichen.

GARNITUR:
200 g Marzipan-Rohmasse
100 g Puderzucker
Apfelspalten
Saft einer ½ Zitrone für die Apfelschnitzel

Marzipan mit gesiebtem Puderzucker verkneten, ausrollen und die Torte damit belegen. Entweder im Ganzen oder die Marzipandecke in zwölf Teile schneiden. Nach Geschmack mit Sahnetupfen und Apfelspalten garnieren.

Schwarzwälder-Kirsch-Torte

BISKUIT:
6 Eier
200 g Zucker
120 g Mehl
100 g Speisestärke
2 gestr. TL Backpulver
2 EL Kakaopulver

Eier und Zucker ca. 10 Minuten schaumig aufschlagen. Mehl, Stärke, Backpulver und Kakao darübersieben und vorsichtig unterheben. Teig in eine mit Backpapier ausgelegte 28-cm-Springform geben und bei 160 °C Umluft 35 Minuten backen. Anschließend gut auskühlen lassen. Danach auf eine Tortenplatte setzen und zweimal waagerecht durchschneiden. Den unteren Boden mit einem Tortenring umlegen.

FÜLLUNG:
1 Glas Schattenmorellen (360 g Abtropfgewicht)

1 Pck. Vanille-Puddingpulver
4 cl Kirschwasser
800 ml Schlagsahne, geschlagen

Kirschen mit dem Puddingpulver andicken und etwas abkühlen lassen.
Den unteren Boden mit Kirschwasser beträufeln und die noch warmen Kirschen darauf geben. Abkühlen lassen. Mit einer ca. 1 cm hohen Schicht Sahne bestreichen. Zweiten Boden daraufsetzen, mit Kirschwasser beträufeln und mit Sahne bestreichen. Dritten Boden daraufsetzen. Etwas Sahne für die Tuffs beiseite stellen und mit dem Rest die ganze Torte einstreichen.

BELAG:
2 Pck. Raspelschokolade
12 Cocktail- od. Belegkirschen

Den Rand mit Schokoraspel verzieren. 12 Sahnetuffs auf der Torte verteilen und jeweils eine Kirsche daraufsetzen. Die Mitte mit Schokoraspel verzieren.

Marschcafé

*Außenterrasse mit Blick in die Marsch bis zum Elbdeich. Von hier aus sieht man die großen „Pötte"
vorbeifahren.*

Im sogenannten Speckgürtel Hamburgs liegt die Haseldorfer Marsch. Dort finden wir den Ort Hohenhorst, nahe dem Elbdeich. Hamburg, Pinneberg und Hohenhorst bilden ein Dreieck. Von Hamburg aus kann man die idyllische Straße über Wedel und Haseldorf fahren, um nach Hohenhorst zu gelangen. Von der Autobahn 23 fährt man von der Abfahrt Tornesch über Uetersen und Neuendeich zum Zielort. In Hohenhorst findet man dann leicht zum Marschcafé. Eine reetgedeckte, zum Café umgebaute 250 Jahre alte Kate mit einer schönen Terrasse, von der aus man die großen Pötte auf der Elbe beobachten kann. Man kann aber auch den einen Kilometer zum Deich wandern und den Blick auf den Schiffsverkehr und die Elbe „aus erster Hand" genießen. Wenn man es vorzieht, mit dem PKW dorthin zu fahren, findet man am

Deich genügend Parkplätze vor. Überhaupt ist die ganze Gegend sehenswert, denn wir befinden uns mitten im Obstanbaugebiet und in einem Naherholungsgebiet.

Das kommt auch den Kuchen und Torten des Cafés der Familie Plüschau zugute, denn Margret und ihre Tochter Henrikje (beide Hauswirtschaftsmeisterinnen) verwenden für ihre schmackhaften Produkte vornehmlich Obst aus der Region.

Die Familie Plüschau betreibt seit Generationen Landwirtschaft und konnte 1990 die nebenan stehende Reetdachkate dazu kaufen. Sie hat eine lange Geschichte: zunächst wohnten hier Bandreißer, die ihrem Handwerk nachgingen. Die Kate war aber auch Schule, Bank und anderes mehr, bis Familie Plüschau sie zu diesem gemütlichen Café umbaute, das 1998 eröffnete.

Margret erzählt: „Ich habe schon immer gerne gebacken und träumte heimlich davon, einmal ein Café zu eröffnen, und unsere vielen Gäste geben mir recht. Sie erbitten immer wieder Rezepte, die aus meiner ‚Hexenküche‘ stammen, dazu kommen dann noch alte Familienrezepte, zum Beispiel von meiner 90jährigen Schwiegermutter Anne ‚Oma Annes Apfeltaschen‘, eine Zubereitung die man heute gar nicht mehr kennt. Unser absolutes Highlight ist die Buchweizentorte, aber auch die Baisertorte ist sehr beliebt. Wir richten uns natürlich mit unseren Torten nach der Saison, das heißt im Sommer arbeiten wir gerne mit Früchten und im Winter mehr mit Schokolade, Marzipan und Nüssen.“

Das Marschcafé hat etwa 60 Sitzplätze, und die Terrasse mit dem schönen Blick auf die Landschaft und die Pferdeweiden bietet nochmals 40 Plätze. Margret und Henrikje gehen gerne auf Sonderwünsche ihrer Gäste ein und richten Konfirmationen, Hochzeiten, Geburtstage, Taufen, ja, eigentlich alle Anlässe aus.

Mit Stolz erzählen sie, dass ihre große Familie in diesen Fällen begeistert mithilft. Vater Diedrich ist für den Außenbereich zuständig und hält den großen Garten in schmuckem Zustand.

Selbst hergestellte Marmeladen, Säfte oder Kuchen im Glas kann man als Mitbringsel erwerben.

Holsteiner Stute ULANA von Contender-Lavall I-Fernando mit Fohlen von Quidado. Seit Generationen wird auf dem Hof Pferdezucht betrieben. Familie Plüschau ist eine sehr erfolgreiche Züchterfamilie.

Hier noch ein Schmankerl für Pferdeliebhaber: Diedrich Plüschau ist unter Pferdezüchtern eine feste Größe, und in seinem Stall sind erstklassige Stuten und Fohlen zu besichtigen, die von hier aus in alle Welt gehen und die man bei hippologischen Großveranstaltungen unter berühmten Reitern im Fernsehen bewundern kann.

Das Café ist dienstags bis sonntags ab 14:00 Uhr geöffnet (Dezember bis Februar eingeschränkte Öffnungszeiten). Es empfiehlt sich, vor einem Besuch anzurufen und zu reservieren, damit der Aufenthalt in dieser Perle der Gastronomie zum Hochgenuss wird.

Erdbeer-Sahne-Torte

Erdbeer-Sahne-Torte

BISKUIT:
5 Eiweiß
100 g Zucker
5 Eigelb
75 g Mehl
100 g Kartoffelmehl
1 TL Backpulver

Eiweiß aufschlagen, Zucker langsam einrieseln lassen. Das Eigelb nach und nach unterrühren. Mehl, Kartoffelmehl und Backpulver vermischen, darübersieben und unterrühren. Teig in eine mit Backpapier ausgelegte 28-cm-Springform füllen und im vorgeheizten Backofen bei 150 °C ca. 45 Minuten backen. Anschließend gut auskühlen lassen. Den Boden auf eine Tortenplatte setzen und zweimal waagerecht durchschneiden. Den unteren Boden mit einem Tortenring umlegen.

FÜLLUNG:
1,2 kg Erdbeeren
2 EL Zucker
750 ml Schlagsahne
2 EL Zucker

Erdbeeren waschen, putzen, in Viertel schneiden und mit 2 EL Zucker bestreuen. Durchziehen lassen. Die Hälfte davon fein pürieren. Sahne mit 2 EL Zucker steif schlagen. Erdbeerviertel auf dem unteren Boden verteilen und eine Schicht Sahne darauf geben. Mit dem zweiten Boden belegen. Ca. 3–4 EL Erdbeerpüree darauf verteilen. Eine Schicht Sahne darauf geben. Mit dem dritten Boden belegen. Torte mit der restlichen Sahne glatt streichen. Mit Sahnetupfen garnieren und das Erdbeerpüree in der Mitte als Spiegel verteilen. Mit Zitronenmelisse garnieren und kalt stellen.

Oma Annes Apfeltaschen

QUARKBLÄTTERTEIG:
250 g Mehl
1 TL Backpulver
1 Pck. Vanillezucker
1 Prise Salz
250 g Butter
250 g Quark

Alle Zutaten zu einem Teig verkneten und ca. 1 Stunde kühl stellen.

Anschließend auf einer bemehlten Arbeitsfläche dünn ausrollen und in gleichmäßige Quadrate schneiden.

FÜLLUNG:

8 säuerliche Äpfel
2 TL Butter
3 EL Rosinen
2 EL Zucker
Sahne zum Bepinseln

Äpfel schälen, würfeln und kurz in etwas Butter mit den Rosinen und Zucker andünsten. Danach abkühlen lassen. Apfelmasse auf den Quadraten verteilen. Teigecken übereinander legen und zu einem Dreieck formen. Ränder fest andrücken, hierzu eignet sich sehr gut eine Gabel. Mit etwas Sahne bepinseln. Im vorgeheizten Backofen bei 180 °C ca. 20 Minuten backen. Anschließend auskühlen lassen.

GUSS:

125 g Puderzucker
2–3 EL Zitronensaft

Aus Puderzucker und Zitronensaft den Zuckerguss herstellen und die fertigen Apfeltaschen damit überziehen.

Butterkuchen

200 ml Milch
1 Würfel Hefe (40 g)
3 EL Zucker
500 g Mehl
3 Eier
120 g Rosinen
1 Prise Salz

BELAG:
175 g Butter
50 g Mandelblättchen

Milch erwärmen und mit Hefe und Zucker verrühren. Restliche Zutaten hinzugeben und verkneten. Anschließend auf ein gut gefettetes Backblech geben und mit Butterflöckchen und Mandelblättchen belegen. Ca. 50 Minuten an einem warmen Ort gehen lassen. Im vorgeheizten Backofen bei 150 °C 20 Minuten backen.

GUSS:
125 g Puderzucker
3 EL Zitronensaft

Puderzucker und Zitronensaft verrühren und auf dem Butterkuchen verstreichen.

Gefüllte Sandtorte

TEIG:
200 g Zucker
3 Eier
1 ½ EL Weizenmehl
200 g Speisestärke
½ Pck. Backpulver
200 g Butter

Zucker und Eier schaumig schlagen. Mehl, Stärke und Backpulver vermischen, darübersieben und nach und nach unter die schaumige Masse heben. Butter erhitzen und als letztes unterheben. Teig in eine gut gefettete 26-cm-Kastenform füllen und im vorgeheizten Backofen bei 180 °C ca. 45 Minuten backen. Anschließend gut auskühlen lassen. Den Boden auf eine Tortenplatte setzen.

FÜLLUNG:
500 ml Milch
1 TL Zucker
2 Pck. Vanille-Puddingpulver

250 g Butter (Zimmertemperatur)
1 TL Zucker
1 Schuss Rum

Milch mit Zucker aufkochen und mit dem Puddingpulver andicken (sehr fest). Danach abkühlen lassen. Butter mit Zucker schaumig schlagen. Vanilleflammerie sollte dieselbe Temperatur wie die Butter haben und wird nach und nach untergerührt. Zum Schluss mit etwas Rum abschmecken.

Den abgekühlten Boden ca. 8x waagerecht durchschneiden und mit der Creme füllen. Die ganze Torte mit der restlichen Creme einstreichen.

GARNITUR:
100 g Mandelblättchen
3 EL Zucker

Mandeln und Zucker unter ständigem Rühren in der Pfanne bräunen. Die Torte mit dem Krokant von außen bestreuen und gut durchkühlen lassen.

Traumtorte

RÜHRTEIG:

100 g Margarine
100 g Zucker
4 Eigelb
1 Pck. Vanillezucker
50 g Mehl
50 g Speisestärke
2 TL Backpulver
75 g gem. Mandeln
100 g Schokoraspel

4 Eiweiß, steif geschlagen

75 g gem. Haselnüsse

Aus den Zutaten einen Rührteig herstellen und
das steif geschlagene Eiweiß unterheben. Teig in
eine mit Backpapier ausgelegte 28-cm-Spring-
form füllen und bei 150 °C ca. 45–50 Minuten
backen. Anschließend gut auskühlen lassen. Den
Boden mit einem Esslöffel aushöhlen und die
Masse zusammen mit den gemahlenen Haselnüssen in der Pfanne rösten.

MÜRBETEIG:

50 g Mehl
50 g gem. Haselnüsse
50 g Zucker
50 g Margarine
1 Msp. Backpulver

50 g Kuvertüre

Zutaten zu einem glatten Teig verkneten und in
eine mit Backpapier ausgelegte 26-cm-Spring-
form geben. Im vorgeheizten Backofen bei
150 °C ca. 15 Minuten backen. Noch heiß in 12
Teile schneiden, erkalten lassen und mit flüssiger
Kuvertüre bepinseln.

FÜLLUNG:

¾ des gerösteten Nuss-Brösel-Bodens
500 ml Schlagsahne, geschlagen
4 EL Contreau
1 EL Zucker
3 EL Preiselbeeren

100 g Marzipan-Rohmasse
2 EL Puderzucker
400 ml Schlagsahne, geschlagen

Nuss-Brösel Boden mit Sahne, 2 EL Contreau und Zucker verrühren.
Den ausgehöhlten Boden auf eine Tortenplatte setzen und mit 2 EL Contreau tränken. Preiselbeeren darauf verstreichen. Marzipan mit Puderzucker vermischen, dünn ausrollen und auf die Preiselbeeren legen. Die Nuss-Sahne darauf verstreichen. Mit 12 Sahnetupfen garnieren und die Mürbeteigecken fächerförmig auf die Tupfen setzen.

Nuss-Haferflocken-Plätzchen

375 g Margarine
570 g Zucker
3 Eier
375 g zarte Haferflocken
180 g Mehl
225 g Nüsse, gemahlen
3 TL Backpulver

Aus den Zutaten einen Rührteig herstellen und mit einem Teelöffel kleine Häufchen auf ein mit Backpapier ausgelegtes Backblech setzen. Im vorgeheizten Backofen bei 150 °C 15–20 Minuten backen.

Apfelmus-Torte mit Eierlikör

BISKUIT:

5 Eier
125 g Zucker
100 g Kartoffelmehl
50 g Mehl
1 TL Backpulver

Eier trennen. Eiweiß steif schlagen und den Zucker langsam einrieseln lassen. Eigelb nach und nach unterrühren. Kartoffelmehl, Mehl und Backpulver vermischen, darübersieben und unterrühren. Teig in eine mit Backpapier ausgelegte 28-cm-Springform füllen und glatt streichen.

Im vorgeheizten Backofen bei 150 °C ca. 45 Minuten backen. Anschließend gut auskühlen lassen. Den Boden auf eine Tortenplatte setzen und zweimal waagerecht durchschneiden. Den unteren Boden mit einem Tortenring umlegen.

FÜLLUNG:
1 ½ kg säuerliche Äpfel
abgeriebene Schale von ½ Zitrone, unbehandelt
125 ml Apfelsaft
2 EL Zucker

1 Pck. Vanille-Puddingpulver

750 ml Schlagsahne
300 ml Eierlikör
Pistazien

Äpfel schälen, würfeln und mit den angegebenen Zutaten andünsten. Kurz aufkochen lassen und mit dem Puddingpulver andicken. Danach abkühlen lassen. Sahne steif schlagen. Das kalte Apfelmus auf dem unteren Boden verteilen. Darauf eine dünne Sahneschicht geben und mit dem zweiten Boden belegen. Diesen mit ca. 2–3 EL Eierlikör tränken und mit einer Sahneschicht bestreichen. Den dritten Boden auflegen und die Torte von allen Seiten mit Sahne einstreichen. Dicht an Dicht mit Sahnetupfen verzieren. In die Mitte ca. 150–200 ml Eierlikör gießen und als Spiegel verteilen. Mit Apfelspalten und Pistazien garnieren.

Café Kranz

Es wäre eine große Unterlassungssünde, die traumhafte Landschaft Angeln an der Geltinger Bucht nicht zu preisen. Von Flensburg fahre ich auf der B 199 an einem schönen Sommertag in Richtung Gelting, wo kurz nach Steinberg ein Schild nach Koppelheck weist. Hier finde ich das Café Kranz, 800 Meter von der Ostsee entfernt. Cornwall des Nordens nennt man diese Gegend nicht ohne Grund, denn die zur Ostsee hin abfallende Küste, die hügelige Landschaft und die malerischen Knicks und langen Naturstrände erinnern an das südliche England.

In einem ehemaligen Gasthaus finde ich das Café Kranz. Gabriele und Lutz-Henning Walter begrüßen hier ihre Gäste mit einem freundlichen „Moin, Moin". Tritt man in das Innere des Hauses, wird man verzaubert von dem Charme der fünf verschiedenen Gast-Räume. Guter Geschmack und die Liebe zum Detail zeichnen das Innere des Café Kranz aus, wobei jeder Raum seine eigene spezielle Note hat. In der Chronik des Hauses ist zu lesen, dass die Gründung auf

Eine der fünf Gaststuben mit original Einrichtung. Tresen, Gläservitrine und der historische Kachelofen stammen noch aus der guten alten Zeit.

das Jahr 1856 zurückgeht und dass es als Gastwirtschaft und Hökerei betrieben wurde. Heute ist die Gaststube in neuem ländlich-rustikalen Glanz wieder entstanden, doch ganz im Stil der damaligen Zeit. Die ehemalige Wohnstube ist mit sicherem Griff zur Kaffeestube geworden. Ganz anders präsentiert sich der ehemalige Laden heute mediterran. Doch mein persönlicher Lieblingsraum ist die geräumige frühere Vorratskammer der Hökerei, heute ganz weiß-blau gehalten. Und nun der Clou: Im ersten Stock, wo vor hundert Jahren die Koppelhecker feierten, ist nun ein Kultur-, Veranstaltungs- und Tanzsaal entstanden, in dem Tango Argentino getanzt wird. Der argentinische Tango ist die Leidenschaft des Ehepaares Walter. Die beiden haben ihn vor Jahren in ihrer

Im Sommer genießt man auf der Gartenterrasse, umgeben vom Bauern- und Kräutergarten, den selbst gebackenen Rhabarberkuchen und die einzigartige Landschaft Angelns.

Ob in der weiß-blauen Küche, der ländlich-rustikal eingerichteten Gaststube, dem nostalgischen Wohnzimmer, dem mediterranen Kaminzimmer oder der sonnengelben Veranda, jeder Raum hat seine eigene Note. Dabei kam dem Ehepaar ihre Sammelleidenschaft zu gute.

alten Heimat Bremen für sich entdeckt, und ihr Herz schlägt für die Musik und den Tanz, der für sie zur Lebensphilosophie geworden ist. In

regelmäßigen Abständen treffen sich hier Tangotänzer, um ihrer Leidenschaft zu frönen.

Aber natürlich erleben wir im Café Kranz nicht nur optisch ganz besondere Reize, die vielen Torten und Kuchen sind erst recht ein Hochgenuss.

Lutz-Henning ist für die Blechkuchen und Gabriele für die filigranen Torten verantwortlich, die man einfach gekostet haben muss. Für nicht so süße Leckermäuler gibt es auch ein würziges Süppchen sowie Brote mit Holsteiner Schinken oder Mettwurst aus der Landschlachterei.

Lassen Sie sich vom Ehepaar Walter verwöhnen und mit einem herzlichen „Moin, Moin" begrüßen. Ein Ausflug zum Café Kranz ist wirklich ein Geheimtipp.

Im ehemaligen Gasthaus befindet sich das Café Kranz.

Käse-Sahne-Torte

Frankfurter Kranz

BISKUIT:
5 Eier (M)
120 g Zucker
2 TL Vanillezucker
60 g Weizenmehl (405)
70 g Speisestärke

Eier trennen. Eiweiß schaumig schlagen. Zucker und Vanillezucker vermischen, zum Eiweiß geben und weiter schlagen bis sich der Zucker aufgelöst hat. Eigelb hinzutun und schlagen bis eine cremige Masse entsteht. Mehl und Speisestärke vermischen, darübersieben und vorsichtig unterheben. Den Teig in eine gefettete 26-cm-Kranz-Form oder in eine Napfkuchen-Form füllen. Im vorgeheizten Backofen bei 190 °C 20 Minuten backen. Gut auskühlen lassen. Kuchen zweimal waagerecht durchschneiden.

FÜLLUNG:
1 Pck. Vanille-Puddingpulver
500 ml Milch
100 g Zucker
250 g weiche Butter
4 EL Himbeer-Gelee

Aus Puddingpulver, Milch und Zucker einen Pudding kochen und abkühlen lassen. Butter in einer Rührschüssel schaumig schlagen und langsam löffelweise unter den Pudding rühren. Die beiden unteren Böden zuerst mit Himbeer-Gelee einpinseln, dann mit der Hälfte der Buttercreme bestreichen. Anschließend alle Böden zusammensetzen. Ein wenig Buttercreme zum Verzieren beiseite stellen. Den Kranz mit der übrigen Buttercreme vollständig bestreichen und kühl stellen.

250 g gem. Haselnüsse
200 g Zucker

Haselnüsse und Zucker vermischen und in einer beschichteten Pfanne bei mittlerer Hitze karamellisieren. Danach abkühlen lassen. Haselnüsse auf dem Kranz verteilen und nach Belieben verzieren.

Rhabarber-Blechkuchen

RÜHRTEIG:
150 g Zucker
3 TL Vanillezucker
250 g Butter
4 Eier
1 Prise Salz
350 g Weizenmehl (405)
3 TL Backpulver

Zucker, Vanillezucker und Butter schaumig schlagen. Eier und Salz hinzugeben und verrühren. Mehl und Backpulver vermischen, darübersieben und unterrühren. Ein 42x32-cm-Backblech ausfetten, den Teig darauf gleichmäßig verteilen.

BELAG:
2 kg Rhabarber

Rhabarber putzen, waschen, in kleine Stücke schneiden und auf dem Teig verteilen.

KRÜMEL:
150 g Zucker
150 g Weizenmehl (405)
150 g Butter
150 g brauner Zucker

Zucker und Mehl vermischen, kalte Butterwürfel hinzugeben und so lange rühren, bis Krümel entstehen. Anschließend auf dem Rhabarber verteilen. Gleichmäßig mit dem braunen Zucker bestreuen und im vorgeheizten Backofen bei 175 °C ca. 90 Minuten backen.

Erdbeer-Torte

BISKUIT:
4 Eier (M)
120 g Zucker
2 TL Vanillezucker
50 g Weizenmehl (405)
60 g Speisestärke

FÜLLUNG:
800 g Erdbeeren
160 g Puderzucker
800 ml Schlagsahne
34 g Sahnesteif
3 TL Vanillezucker

Eier trennen. Eiweiß in einer Schüssel schaumig schlagen. Zucker und Vanillezucker vermischen, zum Eiweiß geben und weiter schlagen bis sich der Zucker aufgelöst hat. Eigelb hinzutun und schlagen bis eine cremige Masse entsteht. Mehl mit der Speisestärke vermischen, darübersieben und vorsichtig unterheben. Den Teig in eine mit Backpapier ausgelegte 28-cm-Springform füllen und im vorgeheizten Backofen bei ca. 190 °C ca. 20 Minuten backen. Anschließend gut auskühlen lassen. Boden auf eine Tortenplatte setzen und einmal waagerecht durchschneiden. Den unteren Boden mit einem Tortenring umlegen.

Erdbeeren mit Stilansatz waschen, trockentupfen und putzen. 200 g Erdbeeren mit Puderzucker pürieren. Sahne mit Sahnesteif und Vanillezucker steif schlagen und danach halbieren. Die eine Hälfte vorsichtig mit dem Erdbeerpüree vermischen und kühl stellen. 300 g Erdbeeren halbieren, gleichmäßig auf dem unteren Boden verteilen und die Erdbeersahne darauf geben. Mit dem zweiten Boden belegen. 200 g Erdbeeren klein schneiden, auf dem oberen Boden verteilen. Die Torte mit der restlichen Sahne einkleiden und nach Belieben mit Erdbeeren verzieren.

Mohn-Schmand-Torte

TEIG:

180 g Weizenmehl (405)
1 TL Backpulver
75 g Zucker
1 Ei
75 g Butter

Mehl, Backpulver vermischen und in eine Rühr-schüssel sieben. Zucker, Ei und Butter hinzufü-gen. Zutaten mit einem Rührgerät zu Streusel verarbeiten.
Die Teigstreusel in eine gefettete 26-cm-Spring-form geben und mit einem Löffel am Boden an-drücken. Den Rand etwas hochziehen.

FÜLLUNG:

1 Pck. Vanille-Puddingpulver
500 ml Milch
50 g Zucker
250 g Mohnback
60 g Gries

1 Pck. Vanillezucker
4 cl Rum
200 g Schmand

Aus Puddingpulver, Milch und Zucker einen Pudding zubereiten. Mohnback, Gries, Vanille-zucker, Rum und Schmand unterrühren. Die Masse auf den Streuselteigboden geben und glatt streichen.

BELAG:

3 Eier
100 g Zucker
400 g Schmand
Puderzucker zum Bestäuben

Eier und Zucker 2 Minuten schaumig schlagen. Schmand unterrühren. Die Creme auf die Mohnmasse geben. Torte im vorgeheizten Back-ofen bei 180 °C Ober- und Unterhitze ca. 60–70 Minuten backen. Den Kuchen eine Stunde in der Form abkühlen lassen, herauslösen und mit Puderzucker bestäuben.

Käse-Sahne-Torte

BISKUIT:
4 Eier
1 Prise Salz
100 g Zucker
75 g Mehl
50 g Speisestärke

etwas Zitronenabrieb, unbehandelt
1 TL Vanillezucker
4 Blatt Gelatine, weiß
1 Schuss Milch
500 ml Schlagsahne, geschlagen
blanchierte Aprikosen od. frisches Obst nach
Wahl

Eier trennen. Eiweiß aufschlagen. Salz, Zucker und Eigelb hinzufügen. Mehl und Speisestärke vermischen, darübersieben und vorsichtig unterheben. Den Teig in eine mit Backpapier ausgelegte 28-cm-Springform füllen und im vorgeheizten Backofen bei 200 °C 20 Minuten backen. Danach gut auskühlen lassen, auf eine Tortenplatte setzen und einmal waagerecht durchschneiden. Den unteren Boden mit einem Tortenring umlegen.

Quark, Zucker, Zitronenschale und Vanillezucker verrühren. Gelatine in kaltem Wasser einweichen, ausdrücken und in erhitzter Milch auflösen. Nach und nach unter die Quarkmasse rühren und kalt stellen. Die Sahne unterheben wenn die Masse anfängt zu gelieren.
Unteren Boden mit Obst belegen und $2/3$ der Sahne-Quarkmasse darauf verteilen. Mit dem zweiten Boden belegen. Restliche Sahne-Quarkmasse einfüllen, glatt streichen und 4–5 Stunden im Kühlschrank fest werden lassen. Nach Geschmack dekorieren.

FÜLLUNG:
500 g Magerquark
150 g Zucker

Tortenstübchen

Gabriele Schmidt bietet in vielerlei Hinsicht etwas Besonderes im Reigen unserer Café-Besitzerinnen, denn sie ist durch ihr regelmäßiges Auftreten im NDR-Fernsehen in der Sendung „Mein Nachmittag" vielen Zuschauern bekannt und durch ihre lebhafte, freundliche Art und ihr kompetentes Backen sehr beliebt.

Sie stammt aus Eckernförde, und ihr Café befindet sich dort auf halbem Weg von der Innenstadt zum Strand. Ihr Lebensweg ist sehr abwechs-

wurde Hauswirtschaftsmeisterin und bildete Lehrlinge aus. „Vom Backen hatte ich bis dahin immer noch keine Ahnung! Ich wusste gerade mal, wie man eine Backröhre auf und zu macht." Aber weil auf dem Lande um 15:30 Uhr Kaffeezeit ist, lernte sie das Backen peu á peu und brachte es im Laufe der Jahre zu einer Meister-

lungsreich wie bei vielen unserer Torten- und Kuchenbäckerinnen. Nach der Schule studierte sie zuerst Sozialpädagogik, doch nach einiger Zeit lernte sie den Erben eines großen Bauernhofes kennen, und die beiden beschlossen nach der Heirat, einen Musterhof aufzubauen. Gabriele Schmidt drückte noch einmal die Schulbank,

schaft. Als in Eckernförde in idealer Lage ein Friseursalon frei wurde, war die Idee vom eigenen Café geboren, und Gabriele Schmidt griff zu. „Durch unseren alten Bauernhof und meine eigene Familie hatte ich wunderschönes altes Porzellan, wertvolle Möbel und andere Accessoires aus der guten Stube, mit denen ich das Café geschmackvoll einrichten konnte. Durch Zufall kam ich in Kontakt mit der Zeitschrift „Mohltied!", die mein Café und meine Torten liebevoll beschrieben und meine Lübecker Erdbeer-Sahne-Torte oder zum Beispiel meine

tenstübchen in Eckernförde für den NDR, und weil es auf halbem Weg zum Strand liegt, bei schönem Wetter auch direkt am Strand.

himmlische Stachelbeer-Marzipan-Mohn-Torte hervorhob. Davon erfuhr die Redaktion des NDR und lud mich zu einer Probesendung für „Mein Nachmittag" ein." Seitdem backt Gabriele Schmidt nun regelmäßig in ihrem Café Tor-

Ihre Gäste sind natürlich zu einem Teil die Urlauber, die den schönen Eckernförder Ostseestrand genießen oder in der historischen Altstadt flanieren, und zum anderen Teil Publikum, das die prominente Fernsehbäckerin liebt und ihre unvergleichlichen Tortenkreationen genießt. Eckernförde liegt an der Eckernförder Bucht, 23 Kilometer nördlich von der Landeshauptstadt Kiel, und hat eine interessante deutsch/dänische Geschichte. Die Stadt ist ein lohnendes Ausflugsziel für Feriengäste und Einheimische, die nach ausgiebigem Spaziergang am langen Ostseestrand zu Kaffee und Kuchen einkehren möchten.

Mit den liebevoll
arrangierten
Antiquitäten und
handgearbeiteten
Tischdecken fühlt
man sich im
Tortenstübchen
wie in Omas guter
Stube.
Dabei ein Stück
„Rund ums
Jahr-Torte"
genießen, das ist
Hochgenuss pur.

Rund ums Jahr-Torte

MÜRBETEIG:
250 g Mehl
125 g Butter
65 g Zucker
1 Prise Salz
1 Ei (M)
Marmelade zum Bestreichen

Zutaten miteinander verkneten und eine ½ Stunde kühl stellen. Anschließend auf dem mit Backpapier ausgelegten 28-cm-Sprinformboden ausrollen.
Bei 160 °C Heißluft ca. 15 Minuten backen. Auskühlen lassen und mit Marmelade bestreichen. Boden auf eine Tortenplatte setzen.

RÜHRTEIG:
4 Eier
150 g Zucker
1 Pck. Vanillezucker
125 g Mohn, gemahlen
100 g Mehl
1 TL Backpulver
1 TL Zitronenschalenaroma

600 g geputztes Obst der Saison (Rhabarber, Stachelbeeren, Kirschen u.s.w.)

Eier mit Zucker und Vanillezucker schaumig schlagen. Restliche Zutaten vermischen und vorsichtig unterheben. Teig in eine gefettete, leicht

TIPP:
Sehr gut eignen sich auch alle Arten von Beeren, Renekloden, Mirabellen, Pflaumen und Äpfel. Alles was säuerlich ist.

bemehlte 28-cm-Springform füllen und das Obst darauf verteilen. Bei 160 °C Umluft ca. 30 Minuten backen. Danach gut auskühlen lassen und auf den Mürbeteig setzen.

FÜLLUNG UND DECKE:
500 ml Schlagsahne
2 TL Puderzucker
250 g Marzipan-Rohmasse

Sahne mit Puderzucker steif schlagen und auf den Obstboden streichen.
Marzipan auf etwas Puderzucker in Größe der Springform ausrollen und damit die Sahneschicht abdecken. Nach Geschmack verzieren.

Obstboden

ALL-IN-TEIG:
100 g Mehl
25 g Speisestärke
3 TL Backpulver
125 g Zucker
1 Pck. Vanillezucker
3 Eier
1 Prise Salz
125 g Butter

Alle Zutaten gleichzeitig in eine Rührschüssel geben und mit dem Mixer 5 Minuten lang verrühren. Anschließend in eine mit Backpapier ausgelegte 28-cm-Springform füllen und im vorgeheizten Backofen bei 160 °C Heißluft ca. 25 Minuten backen. Danach gut auskühlen lassen und den Boden auf eine Tortenplatte setzen. Nach Geschmack mit Obst oder Beeren der Saison belegen (siehe S. 62/63). Der Boden ist nicht so fest wie ein Mürbeteig und nicht so weich wie ein Biskuit.

Schwedische Apfel-Torte

RÜHRTEIG:
225 g weiche Butter
1 Prise Salz
150 g Zucker
1 Pck. Vanillezucker
5 Eier
200 g Dinkel-Vollkornmehl
3 TL Backpulver
125 g kernige Haferflocken
etwas Zimt
½ TL Kardamom, gemahlen
Semmelbrösel

Butter, Salz, Zucker und Vanillezucker mit dem Mixer sehr cremig rühren. Eier einzeln unterrühren. Mehl, Backpulver, Haferflocken und Gewürze vermischen und in 2–3 Portionen unter die Ei-Butter-Masse heben. ⅔ des Teiges in eine gefettete und mit Bröseln ausgestreute 28-cm-Springform füllen und glatt streichen.

BELAG:
1 kg säuerliche Äpfel
5 EL Zitronensaft
60 g Butter
50 g Zucker
75 g Mandeln, gehackt
1 Glas Preiselbeeren (370 ml)
Puderzucker

Äpfel schälen, entkernen und grob würfeln. Mit Zitronensaft vermischen. Butter und Zucker schmelzen, Mandeln und Apfelwürfel unterheben. Fruchtmasse auf dem Teig verstreichen. Preiselbeeren und restlichen Teig als Kleckse darauf verteilen. Bei 160 °C Umluft ca. 50–60 Minuten backen. Eventuell in den letzten Minuten mit Folie abdecken, damit der Kuchen nicht zu braun wird. Auskühlen lassen und nach Geschmack mit Puderzucker bestäuben.

Alle Zutaten mit dem Mixer fünf Minuten aufschlagen. Masse anschließend in eine gefettete, mit Gries ausgestreute 28-cm-Springform füllen und 30 Minuten bei 160 °C Umluft backen. Danach auskühlen lassen.

Birne Helene-Torte

MÜRBETEIG:
120 g Mehl
75 g Butter
40 g Zucker
1 Eigelb

Alle Zutaten miteinander verkneten und 30 Minuten kalt stellen. Den Teig anschließend in einer gefetteten oder mit Backpapier ausgelegten 28-cm-Springform ausrollen und bei 160 °C Umluft ca. zehn Minuten backen, danach auskühlen lassen.

SCHOKOLADEN-RÜHRTEIG:
125 g Butter
125 g Zucker
1 Pck. Vanillezucker
3 Eier
150 g ger. Haselnüsse
50 g geh. Mandeln
3 EL Kakao-Pulver
1 Prise Salz
Gries für die Form

FÜLLUNG:
1 kg Birnen
¼ l Wasser
2 EL Zucker
4 EL Aprikosenkonfitüre
1 Pck. Tortenguss, weiß
100 g dunkle Schokolade (70% Kakaoanteil)
750 ml Schlagsahne
1 EL Puderzucker
3 Pck. Sahnesteif
1 Pck. Vanille-Soßenpulver, ohne Kochen
200 ml Eierlikör
Schokoraspel

Birnen schälen, entkernen. Wasser und Zucker aufkochen bis sich der Zucker aufgelöst hat, die Birnen darin ca. zehn Minuten garen. Danach abgießen und den Sud auffangen. Abkühlen lassen.

Mürbeteig auf eine Tortenplatte setzen, dünn mit Aprikosenkonfitüre bestreichen und den Schokoladenboden daraufsetzen.

Birnen in kleine Würfel schneiden und auf den Boden geben. Aus dem aufgefangenen Sud einen Tortenguss kochen und darin die Schokolade schmelzen. Sind die Birnen zu säuerlich, etwas Nachsüßen. Schokocreme sofort auf den Birnen verteilen und im Kühlschrank ca. ½ Stunde erkalten lassen.

Sahne mit Puderzucker und Sahnesteif steif schlagen. ⅔ auf die Birnen streichen. Soßenpulver mit Eierlikör verrühren und über die Sahne geben. Torte mit restlicher Sahne und Schokoraspel verzieren und kühl stellen.

Adventsbrot

500 g aromatische Äpfel
250 g brauner Zucker
250 g Walnüsse, grob gehackt
2 EL gesüßter Kakao
1 TL Zimt
2 EL Rum
1 ½ Pck. Backpulver
250 g Rosinen
500 g Vollkorn-Weizenmehl (Typ 1050)
evtl. etwas Milch

Äpfel schälen, klein schneiden, mit dem Zucker vermischen und ca. fünf Stunden stehen lassen. Während dieser Zeit bildet sich Apfelsaft der als Flüssigkeitszugabe benötigt wird. Walnüsse mit den restlichen Zutaten in eine große Schüssel geben. Äpfel mit Saft hinzutun und alles mit dem Mixer verkneten. Sollte der Teig noch zu fest sein, etwas Milch hinzufügen. Teig in eine gefettete, mit Mehl ausgestreute 33-cm-Kastenform füllen. Bei 160 °C Umluft ca. 70 Minuten backen.

Das Brot ist sehr saftig, hält sich lange frisch und schmeckt schön weihnachtlich. Sowohl süß als auch würzig mit Butter oder einem kräftigen Käse ein Hochgenuss.

Rosenkuchen

TEIG:

200 g Magerquark
400 g Mehl
1 Pck. Backpulver
8 EL neutrales Öl
4 EL Milch
1 Ei
6 EL Zucker
1 Pck. Vanillezucker
2 Prise Salz
1 TL abgeriebene Zitronenschale, unbehandelt

Quark gut abtropfen lassen oder in einem Mulltuch auspressen. Danach zusammen mit allen Zutaten in einer Rührschüssel eine Minute mit dem Knethaken auf höchster Stuf zu einem Teig verarbeiten. Nicht zu lange kneten, sonst wird der Teig klebrig. Anschließend auf einer bemehlten Arbeitsfläche eine Rolle formen und kurz kühl lagern.

FÜLLUNG:

100 g Marzipan-Rohmasse
50 g weiche Butter
1 Eigelb
1 Fläschchen Rum-Aroma

125 g Rosinen
50 g Haselnüsse, gehackt
25 g Zitronat

Marzipan klein schneiden und mit Butter, Eigelb und Rum-Aroma zu einer geschmeidigen Masse verrühren. In einer zweiten Schüssel Rosinen, Haselnüsse und Zitronat mischen.

Den Teig nochmals durchkneten und auf einer bemehlten Arbeitsfläche zu einem ca. 30x40 cm Rechteck ausrollen. Den Teig mit der Marzipanfüllung bestreichen, mit der Rosinenmischung bestreuen und leicht andrücken. Von der kurzen Seite her aufrollen. Die Rolle in vier cm breite Scheiben schneiden.

Eine 28-cm-Springform mit Backpapier auslegen und die Scheiben mit der Schnittstelle nach unten, nebeneinander in die Form legen. Im vorgeheizten Backofen bei 160 °C Umluft ca. 40 Minuten backen.

GUSS:

3 EL Zitronensaft
100 g gesiebter Puderzucker

Aus Zitronensaft und Puderzucker einen dickflüssigen Guss herstellen. Den heißen Kuchen damit bestreichen und nach Geschmack mit gehobelten Mandelblättchen bestreuen.

Käsekuchen mit Baiser

MÜRBETEIG:
250 g Mehl
125 g Butter
65 g Zucker
1 Ei
1 Prise Salz

Alle Zutaten zu einem Teig verkneten und 30 Minuten kühl stellen. Danach mit leicht bemehlten Händen in eine 28-cm-Springform drücken und den Rand hochziehen.

KÄSEMASSE:
3 Eigelb
2 Becher Schmand
500 g Speisequark (20 %)
130 g Zucker
1 Pck Vanille-Puddingpulver

Zutaten mit dem Mixer ca. 5 Minuten aufschlagen damit sie schön fluffig wird, anschließend auf den Teig geben.

BAISER:
3 Eiweiß
1 Prise Salz
100 g Zucker
1 EL Speisestärke

Eiweiß und Salz sehr steif schlagen, dabei den Zucker langsam einrieseln lassen und die Stärke unterheben. Masse in einen Spritzbeutel füllen und als Streifen auf die Käsemasse spritzen. Bei 160 °C Umluft ca. 50 Minuten backen.

Café Küstenperle

Urgemütlicher, im friesischen Stil eingerichteter Innenraum des Cafés.

Der Name des Cafés ist Küstenperle und trifft ins Schwarze. Die Reetdachkate befindet sich an der Nordseeküste in dem Badeort Friedrichskoog nördlich von Brunsbüttel, eine wahre Perle. Deswegen blieb ihre heutige Besitzerin Nadine Jacobs bei ihren Spaziergängen hier immer wieder stehen und malte sich aus, sie zu einem besonderen Café zu machen.

Wie viele unserer Café-Besitzerinnen hat sie einen bunten und interessanten Lebensweg hinter sich. In der Nähe von Bordesholm aufgewachsen, erlernte sie zunächst den Beruf IT-Informatik-Kauffrau, ging dann aber in die Gastronomie, was ihr vielmehr lag. Sie erzählt: „Als ich spürte, dass ich in meinem Leben einmal innehalten muss und dass sich eine Wende abzeichnete, entschloss ich mich, mit meinem Vater zusammen im Jahre 2007 den Jakobsweg zu wan-

dern. Gleich zu Beginn traf ich meinen zukünftigen Mann und während der 850 km dauernden Wanderung entschlossen wir uns, auch unseren Lebensweg künftig gemeinsam zu gehen. Mein Mann war damals Fernfahrer, und ich entschloss mich spontan, auch diesen Beruf zu ergreifen. Ich machte den LKW-Führerschein, und wir fuhren zukünftig in einem 40-Tonner durch Europa. Mein Mann bekam dann in Brunsbüttel einen festen Job, und als sich unser kleiner Sohn anmeldete, kam ich bei einem Spaziergang wieder einmal bei diesem Reetdachhaus vorbei; und weil es gerade zu verkaufen war, entstand bei mir der Plan, hier ein Café zu eröffnen. Das war die Geburtsstunde der Küstenperle, die ich nach meinem Geschmack einrichtete und dann am 17. März 2012 eröffnete. Sie liegt ja auch sehr günstig und lädt nach einem Besuch der Seehundstation und des malerischen Hafens zu Kaffee und Kuchen ein."

Nadine Jacobs backt alle Kuchen und Torten, unterstützt von ihrer Mutter und Tochter Laura-Sophie, selbst. Jeden ersten Sonntag im Monat gibt es ab 9:30 Uhr ein großes Frühstücks-Buffet und jeden letzten Samstag im Monat um 19:30 Uhr ein wechselndes Menü mit internationalen Speisen. Das Frühstücks-Buffet und das abendliche Menü können Familien oder Gesellschaften auch außer der Reihe für ihre Feierlichkeiten bestellen. Der Clou der Veranstaltungen ist dann meistens die Marzipan-Rhabarber-Torte, das Schmankerl aus ihrem Tortenangebot.

Die Küstenperle hat 34 Innenplätze und auf der Terrasse weitere 22 Plätze. Das Café ist durchgehend geöffnet, im Winterhalbjahr nur am Wochenende. Auch Gesellschaften von weiter her können hier feiern und übernachten, denn das Ehepaar Jacobs bietet ein sehr schönes, weiteres Reetdachhaus als Gästehaus an, in dem auch im Sommer Feriengäste sehr gerne Urlaub machen. Die Küstenperle in Friedrichskoog, mit ihrer warmherzigen Gastgeberin Nadine Jacobs ist einen Ausflug, eine Feier und einen Ferienaufenthalt wert.

Kutter im Hafen von Friedrichskoog.

*Erdbeer-Panna
Cotta-Torte*

Erdbeer-Panna Cotta-Torte

GLUTENFREI

BISKUIT:
3 Eier
85 g Zucker
1 Pck. Vanillezucker
100 g Speisestärke
50 g gem. Mandeln
1 Pck. Backpulver

Eier, Zucker und Vanillezucker schaumig rühren. Stärke, Mandeln und Backpulver vermischen und unterheben. Teig in eine auf dem Boden gefettete 26-cm-Springform füllen und im vorgeheizten Backofen bei 200 °C ca. 20 Minuten backen. Anschließend gut auskühlen lassen. Boden auf eine Tortenplatte setzen und einmal waagerecht durchschneiden.

FÜLLUNG:
100 g Erdbeerkonfitüre
10 Blatt Gelatine, weiß
150 ml Milch
Mark einer Vanilleschote
75 g Zucker
500 ml Schlagsahne
2 Pck. Sahnesteif
400 g Naturjoghurt

Unteren Boden mit Konfitüre bestreichen, den zweiten Boden daraufsetzen und mit einem Tortenring umlegen.
Gelatine in kaltem Wasser einweichen. Milch, Vanillemark und Zucker erwärmen und die ausgedrückte Gelatine darin auflösen. Sahne mit Sahnesteif steif schlagen. Wenn die Milch-Vanillemasse anfängt zu gelieren, den Joghurt und die Sahne unterheben. Creme auf dem Tortenboden verteilen und mindestens zwei Stunden kühl stellen.

BELAG:
2 Blatt Gelatine, rot
500 g Erdbeeren
50 g Zucker

Gelatine einweichen. Erdbeeren waschen und putzen. Davon 200 g würfeln, restliche Beeren mit Zucker pürieren, erwärmen und die ausgedrückte Gelatine darin auflösen. Erdbeerwürfel untermengen. Erdbeermasse auf der Sahne-Creme verteilen, kühl stellen und fest werden lassen.

Watt-Torte

GLUTENFREI

100 g weiße Schokolade
75 g Butter
3 Eier
50 g Zucker
75 g Speisestärke
50 g gem. Mandeln

Schokolade im Wasserbad schmelzen. Butter schaumig schlagen. Eier trennen. Eigelb und Schokolade unter die Butter rühren. Eiweiß mit Zucker steif schlagen. Speisestärke, Mandeln und Eischnee unter die Schokomasse heben. Teig in eine gefettete 26-cm-Springform füllen und im vorgeheizten Backofen bei 180 °C ca. 12 Minuten backen. Anschließend gut auskühlen lassen. Boden auf eine Tortenplatte setzen und mit einem Tortenring umlegen.

FÜLLUNG:
100 g Zartbitter-Schokolade
1 Blatt Gelatine, weiß

1 EL Creme fraîche
200 ml Schlagsahne, geschlagen

Schokolade im Wasserbad schmelzen. Gelatine einweichen, ausdrücken, auflösen und Creme fraîche und Schokolade unterrühren. Danach die Sahne unterheben. Creme auf dem Tortenboden verteilen und ca. 40 Minuten ins Tiefkühlfach stellen.

100 g Vollmilch-Schokolade
2 Blatt Gelatine, weiß
1 EL Creme fraîche
200 ml Schlagsahne, geschlagen

Schokolade im Wasserbad schmelzen. Gelatine einweichen, ausdrücken, auflösen und Creme fraîche und Schokolade unterrühren. Danach die Sahne unterheben. Auf der Zartbitterschicht verteilen und erneut ca. 30 Minuten ins Tiefkühlfach stellen.

150 g weiße Schokolade
3 Blatt Gelatine, weiß
1 EL Creme fraîche
250 ml Schlagsahne, geschlagen

Schokolade im Wasserbad schmelzen. Gelatine einweichen, ausdrücken, auflösen, dann Creme fraîche, Schokolade und Sahne unterheben. Auf der Vollmilchschicht verteilen und noch einmal für ca. 30 Minuten ins Tiefkühlfach stellen.

2 Passionsfrüchte
150 ml Maracujasaft
2 Blatt Gelatine, weiß

Passionsfrüchte halbieren, auskratzen und die Kerne mit dem Maracujasaft erhitzen. Gelatine einweichen, ausdrücken und im Maracujasaft auflösen. Leicht abkühlen lassen und auf der weißen Mousse verteilen. Torte mindestens 2 Stunden kühl stellen.

81

Kiwi-Torte
GLUTENFREI

BISKUIT:

4 Eier
100 g Zucker
80 g Speisestärke
20 g gem. Mandeln
1 Msp. Backpulver
7 g Kakaopulver
1 EL Schokoladenraspel

Eier mit dem Zucker ca. 5 Minuten cremig rühren. Stärke, Mandeln, Backpulver, Kakao und Schokoladenraspel vermischen und unterheben. Teig in eine gefettete 26-cm-Springform füllen und im vorgeheizten Backofen bei 170 °C ca. 20 Minuten backen. Anschließend gut auskühlen lassen. Boden auf eine Tortenplatte setzen und einmal waagerecht durchschneiden. Den unteren Boden mit einem Tortenring umlegen.

FÜLLUNG:

200 g Kuvertüre

Kuvertüre im Wasserbad schmelzen, auf dem unteren Boden verstreichen und abkühlen lassen.

300 g Kiwis
25 g Zucker
3 Blatt Gelatine, weiß

Die Kiwis am Vortag schälen, grob pürieren und mit Zucker aufkochen. Gelatine einweichen, ausdrücken und in die Masse rühren. Über Nacht kalt stellen.

500 ml Dickmilch
100 g Puderzucker
Saft von ½ Zitrone
8 Blatt Gelatine, weiß
450 ml Schlagsahne

Dickmilch mit Puderzucker und Zitronensaft verrühren. Gelatine einweichen, ausdrücken, im Topf auflösen und die Dickmilch unterrühren. Sahne steif schlagen und zusammen mit der Kiwi-Masse unterheben. Ca. drei Stunden kalt stellen.
²⁄₃ der Creme auf dem unteren Boden verteilen. Den zweiten Boden darauflegen und die Torte mit der restlichen Creme einkleiden.

BELAG:
2–3 Kiwis
1 Pck. Tortenguss, weiß
200 ml Wasser
50 ml Waldmeistersirup
200 ml Schlagsahne, geschlagen.

Kiwis schälen, in Scheiben schneiden und die Mitte der Torte damit belegen. Tortenguss mit Wasser und Sirup nach Packungsanleitung zubereiten, leicht abkühlen lassen und auf die Kiwis geben. Torte mit Sahne verzieren.

Rollos Kaffeeköm

110 Kaffeebohnen
100 g Zucker
2 Pck. Vanillezucker
1 Fl Korn (38%)

Kaffeebohnen, Zucker und Vanillezucker in eine Flasche füllen und bis zum Rand mit Korn auffüllen.. Anschließend an einen hellen Ort stellen und täglich einmal durchschütteln. Nach 3 Wochen durchsieben und die Flüssigkeit in einen Flacon gießen.

Schokoladeneistraum

Biskuit:
3 Eier
100 g Zucker
100 g Mehl
1 TL Backpulver
30 g Kakaopulver

Eier schaumig rühren, Zucker hinzufügen und 2 Minuten weiter schlagen. Mehl, Backpulver und Kakao vermischen, auf die Eimasse sieben und unterheben. Teig in eine mit Backpapier ausgelegte 18-cm-Springform füllen und im vorgeheizten Backofen bei 200 °C ca. 20–25 Minuten backen. Anschließend abkühlen lassen und aus der Form lösen.

Dunkle Schoko-Creme:
100 g Zartbitter-Schokolade (70%)
200 g Schlagsahne, geschlagen
3 Stck. Baiser

Schokolade im heißen Wasserbad schmelzen und unter die geschlagene Sahne heben. Baiser zerkleinern und ebenfalls unterheben. Anschließend in eine runde Schale von 18 cm Durchmesser gießen und für 30 Minuten ins Gefrierfach stellen.

Hellbraune Schoko-Creme:
100 g Vollmilch-Schokolade
200 g Schlagsahne, geschlagen
3 Stck. Baiser

Inzwischen Vollmilch-Schokolade im heißen Wasserbad schmelzen und unter die geschlagene Sahne heben. Baiser zerkleinern und unterheben. Vollmilch-Creme auf die dunkle angefrorene Masse geben, glatt streichen und weitere 30 Minuten ins Gefrierfach stellen.

Weisse Mousse:
200 ml Milch
50 g Zucker
Mark 1 Vanilleschote
3 kl. Eigelb
200 g Schlagsahne, geschlagen

Milch mit Zucker und Vanillemark aufkochen, Topf vom Herd ziehen und das Eigelb unterrühren. Mischung auf dem Herd bei mittlerer Hitze so lange rühren, bis eine dickflüssige Konsistenz

entsteht. Erkalten lassen und die geschlagene Sahne unterheben. Weiße Creme gleichmäßig auf der hellbraunen Schokomasse verteilen. Biskuitboden darauf geben und fest drücken. Eisbombe nochmals 4 Stunden ins Gefrierfach stellen.

EISCHNEE:
3 Eiweiß
1 Prise Salz
100 g Puderzucker

DEKORATION:
50 g flüssige Schokolade

Gefrorene Eisbombe aus der Form auf eine Tortenplatte stürzen. Eiweiß mit einer Prise Salz steif schlagen. Dabei den Puderzucker langsam einrieseln lassen. Masse weiter schlagen bis sie dick und cremig ist. Eisbombe rundum mit dem Eischnee einstreichen und mit einem Bunsenbrenner bräunen. Nach Belieben mit flüssiger Schokolade begießen.

Käse-Mohn-Baiser-Kuchen

500 g Magerquark
500 g Sahnequark
4 Eier
300 g Zucker
100 g Mehl
125 g weiche Butter
1 Pck. Vanillezucker
Saft von 1–2 Zitronen
1 Pck. Backpulver

1 Pck. Mohnback

Alle Zutaten mit einem Mixer in einer Schüssel verrühren. Den Teig in eine gefettete 26-cm-Springform füllen. Mohnback stückchenweise darauf verteilen. Im vorgeheizten Backofen bei 180 °C ca. 40 Minuten backen.

BAISER:

3 Eiweiß
100 g Zucker

Eiweiß steif schlagen, dabei den Zucker einrieseln lassen. Die Baisermasse auf den Kuchen streichen, dabei einen 1 cm breiten Rand frei lassen. Bei gleicher Temperatur weitere ca. 20 Minuten backen.

Rosas Marzipan-Rhabarber-Torte

GLUTENFREI

BISKUIT:
4 Eier
100 g Zucker
100 g Speisestärke
1 ½ TL Backpulver
24 g gem. Mandeln
1 Prise Salz

Eier trennen. Eigelb mit Zucker schaumig schlagen. Speisestärke, Backpulver und Mandeln unterrühren. Eiweiß mit einer Prise Salz steif schlagen und unterheben. Teig in eine gefettete 26-cm-Springform füllen und im vorgeheizten Backofen bei 200 °C ca. 20 Minuten backen. Anschließend gut auskühlen lassen. Boden auf eine Tortenplatte setzen und einmal waagerecht durchschneiden.

FÜLLUNG:
600 g Rhabarber
120 g Zucker
1 Pck. Vanille-Puddingpulver

Rhabarber waschen, putzen, klein schneiden und mit einem Schuss Wasser und Zucker kochen. Puddingpulver mit etwas Wasser verrühren und zum Andicken unter den Rhabarber rühren. Erkalten lassen. Die Masse anschließend auf dem unteren Boden verteilen.

600 ml Schlagsahne
1 Pck. Marzipan-Rohmasse (200 g)
100 g Puderzucker

Sahne steif schlagen. ²⁄₃ auf den Rhabarber geben. Den zweiten Boden darauflegen und mit der restlichen Sahne bestreichen. Marzipan und Puderzucker verkneten, ausrollen und als Decke auf die Torte legen. Nach Geschmack verzieren.

Die Waffel Stube

Auf dem Weg nach St.Peter-Ording (B 202) kommt man, acht Kilometer vor dem Ziel, durch den idyllischen Ort Tating. Seine Geschichte ist etwa 900 Jahre alt, und seine Endsilbe „ing" verweist auf eine noch frühere Großfamilien-Sammelstätte hin. Sie gehört neben Tönning, Garding und Ording zu den ältesten Ansiedlungen.

Und Tatings 1103 erbaute Backsteinkirche St. Magnus ist die älteste Eiderstedts. Sie hält für den Besucher einige Kunstgegenstände und architektonische Überraschungen bereit.

Diana Dau hat den ehemaligen Tante Emma-Laden zu einem amerikanisch wirkenden Waffel-Café umgebaut, in dem sie sich zusammen mit ihrer Mitarbeiterin rührend um ihre Gäste kümmert. Ihre Waffel Stube liegt direkt an der Hauptstraße gegenüber dem Bahnhof und dem Abbieger zum Tümlauer Koog. Sie bietet eine große Anzahl von köstlichen verschiedenen Waffeln an, deren Duft und Geschmack einzigartig sind. Jede Waffel-Variation wird à la minute zubereitet und noch warm serviert. Hierzu erzählt Diana Dau: „Die Kunst des Waffelbackens lässt

Schon beim Eintreten in die Waffel Stube empfängt einen der unvergleichliche Duft von frisch gebackenen Waffeln.

Auf der Terrasse kann man sich die nachmittägliche Kaffeestunde mit frischen Waffeln und Kuchen versüßen lassen.

sich bis ins 16. Jahrhundert zurück verfolgen. Als es noch keine elektrischen Waffeleisen gab, wurden die gusseisernen Formen in die Ringeinsätze der Küchenherde eingehängt und von unten erhitzt. Nach einiger Zeit drehte die Köchin das Waffeleisen um, damit auch die andere Seite schön knusprig wurde. Wir haben die historische Waffel von der Süßen bis zur Herzhaften weiterentwickelt, und sie kommt bei uns stets frisch gebacken auf den Tisch."

Nach einem Spaziergang durch den schönen Ort mit seinem berühmten Hochdorfer Garten, dem Haubarg und der romantischen Ruine kann man in Dianas Waffel Stube am offenen Kamin relaxen und schlemmen.

60 Plätze hat das Café und zusätzlich 20 auf der Terrasse.

Diana Dau hat für jede Altersgruppe das Richtige und bietet jeden Tag eine Besonderheit an. Freitag ist der große Waffel-Tag, Samstag ist der Kaffee-Tag, Sonntag ist das große Waffel-/Torten-Buffet an der Reihe. Ein besonders großes Herz hat sie für Kinder, denen sie immer spezielle Leckereien wie Gummibären-Waffeln, Schokokuss-Waffeln oder bunte Schokoperlen-Waffeln anbietet. Aber außer Waffeln gibt es auch selbst gebackene Kuchen und Torten, und ihr Bienenstich ist „weltweit unerreicht". Für jedes Schleckermäulchen hat Diana Dau etwas Besonderes!

Bienenstich

Bienenstich

BISKUIT-TEIG 1:
2 Eier
2 EL heißes Wasser
100 g Zucker
100 g Mehl
1 TL Backpulver

Eier, Wasser und Zucker schaumig schlagen. Mehl und Backpulver vermischen, darübersieben und unterheben. Teig in eine rechteckige (20x33 cm), gefettete Backform geben und bei Umluft 19 Minuten backen. Danach gut auskühlen lassen.

BISKUIT-TEIG 2:
Wie Teig 1 zubereiten. Zusätzlich noch 50 g gemahlene Mandeln unterheben.

VANILLE-CREME:
2 Pck. Paradiescreme Vanille, ohne Kochen
600 ml Schlagsahne
100 ml Milch

Creme nach Packungsanweisung zubereiten und auf Teig 2 (Mandel-Biskuit-Boden) streichen. Boden 1 daraufsetzen.

MANDEL-CRUNCH:
200 g Zucker
50 g Butter
100 g Mandelblättchen

Zucker in einem Topf karamellisieren lassen. Butter und Mandelblättchen hinzugeben, unterrühren, zügig auf dem Biskuitboden verstreichen und fest werden lassen.
Beim Anschneiden den Mandel-Crunch abheben, zerbrechen und nach dem Schneiden auf die einzelnen Stücke legen.

Vollkorn-Waffel mit Räucherlachs und Kräuter-Dip

10–12 WAFFELN

2 Eier
350 g Vollkornmehl
500 ml Milch

1 EL Backpulver
60 ml Öl
1 Prise Salz
2 EL gekörnte Brühe
versch. getr. Kräuter
Schinkenwürfel u. Parmesan nach Geschmack

DAZU:
Räucherlachs
Kräuter-Dip

Waffeleisen einfetten und vorheizen. Eier trennen. Eigelb, bis auf Schinken und Parmesan, zusammen mit den anderen Zutaten mit dem Schneebesen mixen. Schinken und Parmesan hinzugeben. Eiweiß steif schlagen, zum Teig geben und vorsichtig unterheben. Waffel ausbacken und mit Räucherlachs und Kräuter-Dip anrichten.

TIPP:
Frisch gebackene Waffeln nebeneinander auf ein Kuchengitter legen. Gestapelt werden sie zu schnell weich.

Orangen-Waffel, Schlagsahne, Karamellsauce, Früchte der Saison

10–12 Waffeln

2 Eier
250 g Zucker
350 g Mehl
250 ml Milch
250 ml Orangensaft
1 EL Backpulver
60 ml Öl
1 Prise Salz
2 Pck. ger. Orangenschale

Dazu:

Karamellsauce zum Beträufeln
Schlagsahne, geschlagen
Früchte der Saison

Waffeleisen einfetten und vorheizen. Eier trennen. Eigelb zusammen mit den anderen Zutaten mit dem Schneebesen mixen. Eiweiß steif schlagen, zum Teig geben und vorsichtig unterheben. Waffel ausbacken, mit Karamellsauce beträufeln und mit Sahne und Früchten der Saison anrichten.

Tipp:

Sollten Waffeln übrig bleiben, kann man sie in einer gut verschließbaren Blechdose einige Tage lang aufbewahren.

TIPP:
Als Alternative eignet sich auch Apfel-
kompott mit Stücken aus dem Glas.

Apfel-Streusel-Kuchen

KNETTEIG:

125 g weiche Butter
75 g Zucker
½ TL Backpulver
250 g Mehl
1 Pck. Vanillezucker
1 Ei

Alle Zutaten mit dem Knethaken vermengen. Teig anschließend in Klarsichtfolie wickeln und ½ Stunde kalt stellen.
Rechteckige Backform (20x33 cm) einfetten, Teig ausrollen und in die Form drücken. Mit einer Gabel einstechen.

BELAG:

1 kg säuerliche Äpfel

Äpfel schälen, entkernen, würfeln und auf dem Teig verteilen.

STREUSEL:

125 g weiche Butter
100 g Zucker
200 g Mehl

Zutaten in eine Schüssel geben, mit den Händen zerkrümeln und auf die Äpfel geben. Bei 180 °C Umluft ca. 50 Minuten backen.

Stracciatella-Kuchen auf Kirschen

Biskuit:
2 Eier
2 EL heißes Wasser
100 g Zucker
100 g Mehl
1 TL Backpulver

Eier, Wasser und Zucker schaumig schlagen. Mehl und Backpulver vermischen, darübersieben und unterheben. Teig in eine rechteckige (20x33 cm), gefettete Backform geben und bei 180 °C Umluft 19 Minuten backen. Danach gut auskühlen lassen.

Füllung:
1 Glas Schattenmorellen (370 g Abtropfgewicht)
2 TL Tortenguss, rot

Kirschen abtropfen lassen. Saft auffangen, in einem Topf erhitzen, mit Tortenguss binden und die Kirschen hinzugeben. Die Masse auf dem Biskuitboden verstreichen und kühl stellen bis sie fest ist.

Creme:
2 Pck. Paradiescreme Stracciatella, ohne Kochen
100 ml Milch
600 ml Schlagsahne

Creme nach Packungsanweisung zubereiten, auf die Kirschen geben und kühl stellen.

Vanille-Waffel mit heissen Kirschen, Schlagsahne und Vanille-Eis

10–12 WAFFELN

2 Eier
250 g Zucker
350 g Mehl
500 ml Milch
1 EL Backpulver
60 ml Öl
1 Prise Salz
1 Pck. Vanillezucker

DAZU:
Puderzucker zum Bestäuben
Schattenmorellen od. Beeren der Saison
Schlagsahne, geschlagen
Vanille-Eis

Waffeleisen einfetten und vorheizen. Eier trennen. Eigelb zusammen mit den anderen Zutaten mit dem Schneebesen mixen. Eiweiß steif schlagen, zum Teig geben und vorsichtig unterheben. Waffel ausbacken und mit Puderzucker bestäuben.
Dazu angedickte Schattenmorellen oder Beeren der Saison, Schlagsahne und Vanille-Eis.

TIPP:
Alle Waffelrezepte eignen sich für Haushaltswaffeleisen.

Café mit Sti(e)l

Stilvoller Innenraum des Cafés mit einer bis zum Boden reichenden Fensterfront. Von hier aus hat man einen wundervollen Ausblick über die überdachte Terrasse in den fantastisch angelegten Mustergarten.

Die Zweieinhalb-Tausend-Seelen-Gemeinde Jübek liegt mitten im Kreis Schleswig-Flensburg zwischen Nord- und Ostsee. Vielen ist sie bekannt geworden durch das Open-Air-Festival, das hier seit 1987 statt fand und bei dem Künstler mit Namen wie Gianna Nannini, Brian Adams, Udo Lindenberg, Die Toten Hosen und die Böhsen Onkelz aufgetreten sind. In diese schöne nordische Landschaft zogen 1936 die Gärtnereibesitzer Peter und Margarete Schröder von Schleswig nach Jübek um und eröffneten hier eine ganz besondere Gärtnerei. Es sollte nicht nur ein vorbildlicher Betrieb sein, sondern auch ein Ausstellungsgelände und Anziehungspunkt für Gartenfreunde von nah und fern. 1954 übernahmen Tochter Hildegard und Schwieger-

sohn Walter Albrecht den Betrieb und entwickelten die floristische Attraktion weiter. Schließlich übernahm 1983 mit Renate und Siegfried Albrecht die dritte Generation den Familienbetrieb, in dem inzwischen auch schon deren

Kinder Ulrike und Florian mitwirken.

So hat jedes Familienmitglied verschiedene Zuständigkeitsbereiche in diesem großen Betrieb. Renate Albrecht sieht ihre Aufgabe im Laden mit Kunstgewerbe und im Mustergarten. Vater Siegfried bringt immer neue Ideen mit Pflanzen, Anlagen oder Wasserläufen in den Mustergarten ein und kümmert sich um sein Gartengeräte-Museum und seine Gießkannen-Sammlung. Sohn Florians Reich ist das Blumengeschäft. 2009 erfüllte sich Ulrike Albrecht ihren

Das Café liegt direkt am Mustergarten, einer 2400-Quadratmeter-Anlage mit Kräuter-, Rosen-, Wasserbeet, romantischem Teich, unterschiedlichen Formschnitten und verschiedenartigen Freiland-orchideen. Hier findet man lauschige Plätze zum Verweilen und Schlemmen.

Traum und eröffnete mit liebevoller Hingabe neben dem familiengeführten Blumenladen ihr Café mit Sti(e)l. Zudem bietet der Mustergarten eine zusätzliche Wohlfühlatmosphäre, die die Kundschaft bei Kaffee und Kuchen genießen kann. Das Café hat 50 Sitzplätze sowie zahlreiche Plätze im Terrassen- und Gartenbereich. Während des Aufenthaltes im Café können die

Gäste eine Entdeckungsreise durch den beschaulichen Mustergarten der Familie Albrecht unternehmen.

Mit ihren Mitarbeitern bietet Ulrike Albrecht eine ganze Reihe von Events an, und alle Arten von Familien- und Betriebsfesten werden hier mit sehr viel Liebe ausgerichtet.

Samstags und sonntags gibt es im Café mit Sti(e)l ein Frühstücksbuffet von 10:00 bis 12:30 Uhr, nachmittags hat das Café von 14:00 bis 18:00 Uhr geöffnet. Einmal im Monat gibt es ein themenbezogenes Buffet wie: alles um die Kartoffel, Fisch, Griechenland oder Italien. Viele weitere Veranstaltungen wie die Jübeker Gartentage, Offener Garten, Fahrradralley und die traditionelle Adventsausstellung laden zusätzlich zum Besuch ein. Höhepunkte des Jahres sind das Lichterfest im Spätsommer und die Silvesterfeier mit Speisen- und Getränkebuffet und Feuerwerk. Die Gäste des Cafés mit Sti(e)l in Jübek werden von dem Team um Ulrike Albrecht liebevoll durch das ganze Jahr geführt.

Einzigartig ist die Zink-Gießkannensammlung von Vater Siegfried Albrecht. Sie umfasst ca. 160 Stück.

Erdbeer-
Frischkäse-Torte

Erdbeer-Frischkäse-Torte

BISKUIT:
3 Eier
6 EL heißes Wasser
150 g Zucker
1 Pck. Vanillezucker
100 g Mehl
50 g Speisestärke
½ Pck. Backpulver

Eier trennen. Eigelb mit heißem Wasser, 100 g Zucker und Vanillezucker schaumig schlagen. Eiweiß mit 50 g Zucker steif schlagen und vorsichtig unter die Eigelbmasse geben. Mehl, Speisestärke und Backpulver vermischen, über die Eimasse sieben und unterheben. Teig in eine mit Backpapier ausgelegte 26-cm-Springform füllen und bei 160 °C ca. 35 Minuten backen. Anschließend gut auskühlen lassen. Boden auf eine Tortenplatte setzen, einmal waagerecht durchschneiden und den unteren Boden mit einem Tortenring umlegen.

FÜLLUNG:
1000 ml Erdbeersaft
1 Pck. Puddingpulver, Sahnegeschmack
150 g Zucker
300 g Frischkäse
12 Blatt Gelatine, weiß
350 g frische Erdbeeren
600 ml Schlagsahne, geschlagen
2 Pck. Tortenguss, rot

Aus 500 ml Erdbeersaft, Puddingpulver und 50 g Zucker einen Pudding nach Packungsanleitung kochen. Danach abkühlen lassen. Frischkäse, etwas Erdbeersaft und 100 g Zucker vermischen und den abgekühlten Pudding dazurühren. Gelatine in kaltem Wasser einweichen, ausdrücken und kurz erhitzen. Anschließend vorsichtig unter die Masse rühren. Erdbeeren waschen, putzen, fein schneiden und mit der Sahne dazumengen. Die Hälfte der Masse auf dem unteren Boden verstreichen. Mit dem zweiten Boden belegen und die restliche Füllung darauf verstreichen. 5–6 Stunden kühl stellen. Restlichen Erdbeersaft mit dem Tortenguss nach Packungsanleitung kochen, auf die Torte geben und eine weitere Stunde kühl stellen. Nach Geschmack dekorieren.

Cognac-Birnen-Torte

HELLER BISKUIT:
3 Eier, getrennt
6 EL heißes Wasser
150 g Zucker
1 Pck. Vanillezucker
100 g Mehl
½ Pck. Backpulver
50 g Speisestärke

3 Eigelb mit heißem Wasser, 100 g Zucker und Vanillezucker schaumig rühren. 3 Eiweiß und 50 g Zucker steif schlagen und vorsichtig unter die Eigelbmasse heben. Mehl, Backpulver und Speisestärke vermischen und unter die Eimasse ziehen. Teig in eine mit Backpapier ausgelegte 26-cm-Springform geben und bei 160 °C Umluft ca. 35 Minuten backen. Anschließend auskühlen lassen. Boden einmal waagerecht durchschneiden.

DUNKLER BISKUIT:
320 g Zucker
7 Eier, getrennt
120 g Mehl
80 g Kakao
80 g Raspelschokolade, zartbitter
½ Pck. Backpulver
80 g Speisestärke

Zucker und Eiweiß steif schlagen. Eigelb hinzu geben und gut vermischen. Mehl, Kakao, Raspelschokolade, Backpulver und Speisestärke vermischen und vorsichtig unter die Eimasse rühren. Teig in eine mit Backpapier ausgelegte 26-cm-Springform geben und bei 180 °C Umluft ca. 45 Minuten backen. Anschließend gut auskühlen lassen. Boden einmal waagerecht durchschneiden.

Von beiden Böden wird jeweils nur eine Hälfte benötigt. Die übrig gebliebenen Böden lassen sich sehr gut einfrieren.

Den dunklen Biskuitboden auf eine Tortenplatte setzen und mit einem hohen Tortenring umlegen.

FÜLLUNG:
90 g Kuvertüre, zartbitter
90 ml Cognac

120 g Zucker
6 Blatt Gelatine, weiß
1,2 l Schlagsahne, geschlagen
1 Dose Birnen (455 g Abtropfgewicht), klein geschnitten

Kuvertüre im Wasserbad schmelzen. Cognac und Zucker hinzu geben und abkühlen lassen. Gelatine in kaltem Wasser einweichen, ausdrücken, kurz erhitzen und hinzugeben. Sahne unterrühren (Temperaturen beachten).

⅓ der Sahne-Cognac-Masse auf dem dunklen Biskuit verstreichen und die Birnen gleichmäßig darauf verteilen. ⅓ der Sahne-Cognac-Masse darauf geben und den hellen Biskuit darauf legen. Restliche Sahne darauf verstreichen. Anschließend 5 Stunden kalt stellen. Nach Geschmack mit Schoko-Glasur verzieren.

Spekulatius-Torte

RÜHRTEIG:
4 Eier
250 g Zucker
200 ml Rapsöl
200 ml Orangensaft
1 TL Spekulatiusgewürz
1 Pck. Backpulver
300 g Mehl
2 EL Kakao-Pulver

Alle Zutaten miteinander verrühren, den Teig in eine mit Backpapier ausgelegte 26-cm-Springform geben und bei 180 °C Umluft ca. 45 Minuten backen. Anschließend gut auskühlen lassen. Boden auf eine Tortenplatte setzen und zweimal waagerecht durchschneiden. Den unteren Boden mit einem Tortenring umlegen.

FÜLLUNG:
350 g Spekulatiuskekse
800 ml Schlagsahne, geschlagen

Kekse zerbröseln und mit ⅔ der Sahne vermischen. Die Hälfte der Sahne-Keksmischung auf dem unteren Boden verteilen. Den mittleren Boden darauf legen und mit der restlichen Sahne-Keksmischung bestreichen. Mit dem dritten Boden belegen und mit der restlichen weißen Sahne einstreichen.
Mit Spekulatiusbrösel dekorieren.

Karamell-Krokant-Torte

RÜHRTEIG:
200 g Mehl
200 g gem. Mandeln
150 g Zucker
200 ml Rapsöl
4 Eier
½ Pck. Backpulver
1 Prise Salz
100 g Daim, zerbröselt

Alle Zutaten miteinander verrühren, den Teig in eine mit Backpapier ausgelegte 26-cm-Springform geben und bei 180 °C ca. 30 Minuten backen. Anschließend gut auskühlen lassen. Boden auf eine Tortenplatte setzen und einmal waagerecht durchschneiden. Den unteren Boden mit einem Tortenring umlegen.

FÜLLUNG:
1 l Schlagsahne
60 ml Karamell-Sirup
50 g gem. Mandeln
30 g Krokant
50 g Schokoraspel

Sahne mit dem Sirup steif schlagen. Weitere Zutaten unterheben. Die Hälfte der Karamell-Sahne auf dem unteren Boden verstreichen. Mit dem zweiten Boden belegen und die restliche Karamell-Sahne darauf verteilen. Nach Geschmack mit Blüten verzieren.

Lakritz-Torte

RÜHRTEIG:
200 g Mehl
200 g gem. Mandeln
150 g Zucker
4 Eier
1 Prise Salz
½ Pck. Backpulver
200 ml Rapsöl
100 g Lakritzstreusel

FÜLLUNG:
700 g Joghurt
150 g Puderzucker
100 g Lakritzstreusel
5 g Starklakritz (Apotheke, Succus Liquiritiae plv.)
35 g Spejderhagel (Salmiakbonbons), klein gehackt
500 ml Schlagsahne, geschlagen
12 Blatt Gelatine, weiß
Salmiakpastillen zur Deko

Alle Zutaten miteinander verrühren, den Teig in eine mit Backpapier ausgelegte 26-cm-Springform geben und bei 180 °C Umluft ca. 30 Minuten backen. Anschließend gut auskühlen lassen. Boden auf eine Tortenplatte setzen und einmal waagerecht durchschneiden. Den unteren Boden mit einem hohen Tortenring umlegen.

Joghurt, Puderzucker, Lakritzstreusel, Starklakritz und Salmiakbonbons mixen. Geschlagene Sahne darunter heben. Gelatine in kaltem Wasser einweichen, ausdrücken und kurz erhitzen. Anschließend vorsichtig unter die Masse rühren. Die Hälfte der Lakritz-Sahne auf dem unteren Boden verstreichen. Mit dem zweiten Boden belegen und restliche Lakritzsahne darauf verteilen. 6 Stunden kalt stellen und mit Salmiakpastillen verzieren.

Mohn-Schmand-Heidelbeer-Torte

RÜHRTEIG:

200 g Mehl
200 g Blaumohn, ungemahlen
150 g Zucker
200 ml Rapsöl
½ Pck. Backpulver
4 Eier
1 Prise Salz

Alle Zutaten miteinander verrühren, den Teig in eine mit Backpapier ausgelegte 26-cm-Spring-form geben und bei 180 °C Umluft 20 Minuten backen. Anschließend gut auskühlen lassen. Boden auf eine Tortenplatte setzen und mit einem Tortenring umlegen.

FÜLLUNG:

1 Pck. Vanillezucker
100 g Zucker
Saft einer Zitrone
400 g Schmand
4 Blatt Gelatine, weiß
500 ml Schlagsahne, geschlagen
2 Gläser Heidelbeeren (á 540 g Füllmenge)
3 Pck. Tortenguss, rot
weiße Schokoraspel

Vanillezucker, Zucker, Zitronensaft und Schmand miteinander verrühren. Gelatine in kaltem Wasser einweichen, ausdrücken und kurz erhitzen. Anschließend unter die Schmand-masse rühren. Die geschlagene Sahne unterheben. Die gesamte Masse auf dem Mohnboden verstreichen und die Torte ca. 15–20 Minuten ins Gefrierfach stellen.
Heidelbeeren abtropfen lassen und den Saft auffangen. Heidelbeeren auf der angefrorenen Schmandmasse verteilen. Saft mit dem Tortenguss erhitzen und über die Heidelbeeren gießen. Torte eine Nacht kalt stellen.
Vor dem Servieren mit Schokoraspel und Blüten dekorieren.

Café Zum alten Pastorat

In Brunsbüttel, wo die Elbe in die Nordsee mündet und der Nord-Ostsee-Kanal beginnt, hat sich in den letzten Jahren gastronomisch einiges verändert. Hervorstechendes Beispiel ist das über 200 Jahre alte Matthias-Boie-Haus, in das vor wenigen Jahren Sabina Fromberg einzog, um mit ihrem Mann Knud zusammen das wunderschöne alte Fachwerkhaus zu renovieren und geschmackvoll einzurichten. Im Sommer 2011 schließlich konnte sie das Café „Zum alten Pastorat" eröffnen.

„Ich bin in Danzig geboren worden und kam mit 16 Jahren nach Hamburg, machte meine Köchinnenprüfung und arbeitete jahrelang in diesem Beruf, träumte aber nebenher immer von einem eigenen Café. Als hier in Brunsbüttel das

Das ehemalige Bettgetäfel gehört der evangelischen Kirche (ca. 200 Jahre alt) und steht als Leihgabe in diesem Café. Einst ein Alkoven, der zu einem Bücherregal umgebaut wurde. Heute wird er als Porzellanschrank genutzt.

Eine Zierde des Hauses ist die prächtige Eingangstür aus dem Jahre 1779.

wunderschöne historische Haus verkauft werden sollte, hatten wir das große Glück, es erwerben zu können. Es steht unter Denkmalschutz und man darf nichts verändern, aber renovieren sollte und geschmackvoll einrichten darf man."
Der Hauptraum des Cafés ist der ehemalige Konfirmanden- und Chorraum des Pastorats, und außerdem gibt es noch einen separaten Raum für kleine Gesellschaften. Alles in allem ist Platz für 36 Gäste und nochmals für 30 Gäste auf der Terrasse, die nach historischem Muster wie ein Innenhof gestaltet wurde.
Sabina und ihre Crew backen alle Torten und Kuchen selbst, wobei sie sich nach den Angebo-

ten der Saison richten. Im Winter gibt es dann mehr Nuss-, Marzipan- und Schokoladen-Torten. Nie fehlen darf die Mohn-Torte mit Zitronencreme, sie ist das absolute Highlight. Aber durch die polnische Herkunft von Sabina überrascht sie ihre Gäste auch immer wieder gerne mit Zubereitungen aus ihrer Heimat wie Piroggen mit Heidelbeeren.

Jeden Tag kann man hier von 9:30 bis 12:00 Uhr auch frühstücken und für Gruppen ab zehn Personen wird ein Brunch bereitet. Nachmittags von 14:30 bis 18:00 Uhr ist das Café mit Kaffee und Kuchen in Betrieb, und abends kann man auf Wunsch noch einen Stammtisch oder ähnliches veranstalten.

Das Matthias-Boie-Haus wurde 1779 erbaut und ist eines der schönsten Fachwerkhäuser Dithmarschens.

Familien- und Betriebsfeste werden natürlich auch ausgerichtet, und besonders malerisch ist es bei Taufen, Konfirmationen und Hochzeiten, wenn man direkt von der gegenüber liegenden Jakobuskirche herüberkommt. Bei solchen Gelegenheiten bietet das Café Zum alten Pastorat natürlich eine warme Küche, und Sabina Fromberg kann aus dem Vollen ihrer internationalen Kochpraxis schöpfen.

Ein Besuch im alten Pastorat in Brunsbüttel bedeutet ein Eintauchen in die Wunderwelt voriger Jahrhunderte. Aber was wäre das alles ohne die warmherzige und immer aufmerksame Betreuung der Chefin. Hier ist die Welt noch in Ordnung.

Sehr lauschig ist der kleine gemütliche Innenhof, in dem man sich wie zu Hause fühlt und sich von der Hausherrin verwöhnen lässt.

*Mohn-Torte mit
Zitronencreme*

Mohn-Torte mit Zitronencreme

TEIG:
4 Eier
400 g Zucker
100 ml Mineralwasser
4 TL Öl
400 g Mehl
2 TL Backpulver
200 g Mohn
abgeriebene Schale von 1 Zitrone
od. Orange, unbehandelt

Eier, Zucker und Wasser schaumig schlagen. Öl unterrühren. Mehl und Backpulver vermischen, auf die Ei-Creme sieben und unterheben. Anschließend den Mohn unterheben. Zitronenabrieb unter den Teig heben. Teig in eine mit Backpapier ausgelegte 24-cm-Springform füllen und im vorgeheizten Backofen bei 180 °C 45 Minuten backen. Danach gut auskühlen lassen. Boden auf eine Tortenplatte setzen, für die Krümel ca. ½ cm vom Tortenbodendeckel abschneiden und zur Seite legen. Anschließend zweimal waagerecht durchschneiden und den unteren Boden mit einem Tortenring umlegen.

FÜLLUNG:
1 Pck. Vanille-Puddingpulver
4 EL Zucker
500 ml Orangensaft
1 Zitrone, unbehandelt
200 ml Schlagsahne, geschlagen

Vanille-Pudding mit dem Zucker anrühren. Orangensaft aufkochen, Puddingpulver einrühren und nochmals aufkochen. Pudding unter ständigem Rühren erkalten lassen, danach in eine Schüssel geben. Abrieb und Saft der Zitrone in den Pudding geben und unterrühren. Sahne unterheben.

Pudding in drei gleiche Teile teilen. ⅓ auf dem unteren Boden verteilen, den zweiten Boden darauflegen und ebenso verfahren. Mit dem dritten Boden belegen und Deckel und Rand mit Pudding einstreichen. Den abgeschnittenen Tortendeckel zerbröseln und die ganze Torte damit verzieren.

Pierogi z Jagodami

Polnische Piroggen

4 Personen

Teig:
200 g Weizenmehl
½ TL Salz
1 Ei
80 ml lauwarmes Wasser

Mehl in eine Schüssel sieben und mit Salz vermischen. Ei und Wasser hinzugeben und mit den Händen einen Teig kneten. Anschließend auf einer bemehlten Arbeitsfläche kräftig walken. Teig zu einer Kugel formen, in vier Teile teilen, mit Klarsichtfolie abdecken und etwas ruhen lassen. Anschließend sehr dünn ausrollen (ca.3mm). Kreise von ca. 6 cm Durchmesser mit einem Glas ausstechen und füllen.

1 Ei
1 EL Schlagsahne

Ei und Sahne verquirlen.

Füllung:
500 g Heidelbeeren

1 EL Heidelbeeren auf jeden Kreis setzen und den Rand mit der Ei-Sahne bestreichen. Teigplättchen zu einem Halbmond umschlagen, andrücken und den Rand mit den Zinken einer Gabel verschließen (ergibt außerdem noch ein schönes Muster).
Piroggen in kochendes Wasser geben. Sie sind gar wenn sie an der Oberfläche schwimmen. Mit der Schaumkellen herausheben und mit gesüßter Sahne oder Schmand servieren. Die Piroggen können mit allen Früchten der Saison gefüllt werden.
Guten Appetit oder Smacznego!

Baileys-Torte

Biskuit:

7 Eier
7 EL Zucker
7 EL Mehl
7 EL Speisestärke
4 TL Backpulver
1 TL Vanillezucker
4 EL Kakaopulver

Eier und Zucker schaumig schlagen. Mehl, Speisestärke, Backpulver, Vanillezucker und Kakao vermischen, auf die Eicreme sieben und unterheben, nicht schlagen. Den Teig in eine mit Backpapier ausgelegte 24-cm-Springform füllen und im vorgeheizten Backofen 20–30 Minuten backen. Anschließend gut auskühlen lassen. Boden auf eine Tortenplatte setzen, zweimal waagerecht durchschneiden und den unteren Boden mit einem Tortenring umlegen.

Füllung:

2 l Schlagsahne
60 g Sahnesteif
2 EL Zucker
2 Tassen Baileys

4 EL Schokoraspel
1 Pck. Physalis

Sahne mit Sahnesteif aufschlagen. Zucker einrieseln lassen. 1 Tasse Baileys und Schokoraspel
hinzugeben und unterrühren. Den unteren Boden mit Baileys beträufeln. Sahne in einen Spritzbeutel füllen und den Rand des Tortenbodens
damit bespritzen. Anschließend ganz mit Sahne
auffüllen und glatt streichen. Den zweiten Boden darauf legen und ebenso verfahren. Mit dem
dritten Boden belegen und Deckel und Rand mit
der restlichen Sahne garnieren. Mit Schokoraspel und Physalis ausdekorieren.

Pastorentröpfchen

Zutaten für 250 ml

1 Tasse Kaffee Crema
10 g gesüßtes Kakaopulver
3 cl Kirschlikör
Amarena-Kirschen zum Verzieren
geschlagene Sahne

Den heißen Kaffee in ein Glas füllen. Kakaopulver und Kirschlikör unterrühren. Sahne als Hau-
be daraufsetzen und mit Amarena-Kirschen dekorieren.

Café & *Restaurant* Mahre

Auf einem der schönsten Fleckchen Erde Schleswig-Holsteins liegt das Café Mahre – auf ehemaligem Meeresboden. Fährt man die B5 an der Küste entlang über Meldorf und weiter nach Wesselburen, kommt man auf dem Weg nach St. Peter-Ording zum berühmten Eidersperrwerk. Hier, gleich um die Ecke, 800 m Richtung Tönning, sieht man es malerisch im typischen Reet des Nordens als roten Farbtupfer liegen. Ein Holzhaus im schwedischen Stil, mit Gras gedeckt, fügt sich malerisch in die Landschaft der Eidermündung ein.

Man muss sich vorstellen, dass die Eidermündung noch vor 40 Jahren eine trichterförmige riesige Wasserfläche war. Durch einen mächtigen Deich und eine gewaltige Schleuse, das Eidersperrwerk, wurde das gesamte Gebiet eingedeicht und entwässert, sodass mit den Jahren dieses traumhafte Naturschutzgebiet entstand, mit einem schier unerschöpflichen Bestand an Pflanzen und Tieren.

Die Besucher des Café Mahre sind Individualisten, Naturliebhaber die sich hier entspannen und von den beiden Besitzerinnen Annette Mahr

Ankommen, Wohlfühlen und Genießen, auf der Sonnenterrasse, auf Sonnenliegen am See oder im gemütlichen Innenraum.

und Helga Balke mit Spezialitäten verwöhnen lassen. Das Café ist ganzjährig, im Winterhalbjahr auf Anfrage, geöffnet. Nicht nur die köstlichsten Torten und Kuchen werden hier angeboten, sondern auch fantastisch zubereitete Speisen mit Schwerpunkt Fisch, hier zeigt Annette ihr wahres Können und die Tageskarte wechselt je nach Angebot der Zulieferer.

Helga erzählt: „Ich stamme eigentlich aus der Lüneburger Heide, aber meine Eltern reisten viel an die von ihnen heiß geliebte Nordsee. Als ich später berufstätig war, wurde Annette Mahr meine Haushälterin, zog die Kinder mit groß und wurde meine beste Freundin. Sie ist gelernte Hauswirtschafterin mit Schwerpunkt Kochen und heute meine Chefin, die beispielhaft das Café-Restaurant

Im gemütlichen, maritim gestalteten Gastraum, mit Blick auf den See, kann man die Seele baumeln lassen. Bei kühleren Temperaturen, wenn der Wind ums Haus fegt, wird der „Bullerjahn" angeheizt.

Café Mahre im Katinger Watt aus der Vogelperspektive. (Foto: NABU)

Mahre leitet. Die Entdeckung dieses wunderschönen Fleckchens haben wir eigentlich unserem Dackel Philip zu verdanken, der hier immer gerne rumtollte. Annette konnte das Lokal eines Tages kaufen und es zu einem Café-Restaurant ausbauen. Wir wollten unseren Gästen eine möglichst große Vielfalt an Sehenswertem und Kulinarischem bieten. Sogar mit der Hundebar für unsere vierbeinigen Freunde ist an alles gedacht, während sich Herrchen und Frauchen auf der Terrasse oder im Liegestuhl entspannen und die Schönheit des Naturschutzparks auf sich wirken lassen. Direkt vor dem Haus ist ein See mit viel Reet umwachsen, auf dem man surfen und paddeln und im Winter Schlittschuh laufen kann. Dahinter breiten sich Wiesen, Büsche und Bäume aus, mit einer fast unerschöpflichen Pflanzenwelt. Auch die Tierwelt des Nordens ist hier in ihrer Reichhaltigkeit zu beobachten: Eiderenten, Säbelschnäbler, Brandenten, Graugänse, alle möglichen Fisch- und Krebsarten, ja sogar Füchse und Rehe und der Seeadler, der als Gesundheitspolizei kranke und verendete Tiere vertilgt."

Aber nicht nur Tagesgäste finden hier ihr Paradies, sondern Helga, die Organisatorin, richtet die verschiedensten Events aus. Man kann sich hier am See unter einem zauberhaften Pavillon von einer Standesbeamtin aus Tönning auch trauen lassen und anschließend mit ca. 60 Gästen feiern. Annette zaubert dann das Hochzeitsmenü je nach Angebot der regionalen Erzeuger. Bio-Bauern und befreundete Fischer sind die Lieferanten des Café Mahre, nichts wird eingeflogen.

In der Backstube waltet Inke Hach, gelernte Hauswirtschaftsleiterin, Meisterin der Torten- und Kuchenwelt des Nordens. Sie hat nicht nur eine Sammlung bester Rezepte, sondern entwickelt auch immer wieder neue hinzu. Inspiriert von dem vielen Sanddorn, der hier in der Eidermündung angepflanzt wurde, ist ihr Highlight die Katinger Sanddorn-Torte, aber auch ihre Hochzeitstorten sind wahre Meisterstücke.

Die charmanten und sehr engagierten Gastgeberinnen Annette Mahr und Helga Balke lesen ihren Gästen die Wünsche von deren Augen ab, nach ihrem Wahlspruch „Wo man Wohlfühlen schmecken kann!" Natur pur am Nationalpark Wattenmeer.

Café Mahre

*Norddeutsche
Hochzeitstorte*

Friesentorte á la Mahre

TIPP:
Deckel vor dem Schneiden mit einem Einteiler markieren, dann lassen sich die Tortenstücke besser schneiden.

BISKUIT:
5 Eier
200 g Zucker
1 Pck. Vanillezucker
200 g Mehl
100 g Weizen-Speisestärke
1 Pck. Backpulver
100 g Mandelblättchen
50 g Krokant

Eier, Zucker und Vanillezucker schaumig rühren. Mehl, Stärke und Backpulver vermischen, darübersieben und unterheben. Teig in eine mit Backpapier ausgelegte 28-cm-Springform füllen und mit Mandeln und Krokant bestreuen. Im vorgeheizten Backofen bei 180 °C ca. 30 Minuten backen. Anschließend gut auskühlen lassen.

Boden auf eine Tortenplatte setzen und zweimal waagerecht durchschneiden.

FÜLLUNG:
400 g Pflaumenmus
1000 ml Schlagsahne, geschlagen

Pflaumenmus und Schlagsahne nacheinander auf zwei Böden verstreichen und aufeinander setzen. Mit dem Mandel-Krokant-Deckel bedecken.

Gebratene Chili-Erdbeeren mit Vanille-Eis

1 PERSON

150 g frische Erdbeeren
4 EL Honig
1 EL Zucker
Chili aus der Mühle (5x drehen)
1 Kugel Vanille-Eis
Schokoladen-Ingwer-Sauce
1 Tupfer Schlagsahne

Erdbeeren waschen, putzen und halbieren. Honig in einer Pfanne schmelzen lassen. Erdbeeren hinzugeben, mit Zucker bestreuen, Chili darüber mahlen und dreimal durchschwenken, nicht Rühren. 3–4 Minuten erhitzen.

Eis in einen Portionsring drücken, glatt streichen, Ring entfernen und mit einem Sahnehäubchen verzieren. Erdbeeren daneben anrichten und die Schoko-Ingwer-Sauce als Streifen darüber ziehen. Allein der Duft macht süchtig!

Katinger Sanddorn-Torte

BISKUIT:
5 Eier
200 g Zucker
1 Pck. Vanillezucker
200 g Mehl
100 g Weizen-Speisestärke
1 Pck. Backpulver

Eier, Zucker und Vanillezucker schaumig rühren. Mehl, Stärke und Backpulver vermischen, darübersieben und vorsichtig unterheben. Teig in eine mit Backpapier ausgelegte 28-cm-Springform füllen und im vorgeheizten Backofen bei 180 °C ca. 30 Minuten backen. Anschließend gut auskühlen lassen. Boden auf eine Tortenplatte setzen und zweimal waagerecht durchschneiden. Den unteren Boden mit einem Tortenring umlegen.

FÜLLUNG:
450 g Sanddorn-Konfitüre
1000 ml Schlagsahne, geschlagen
Sanddornbeeren für die Garnitur
2 EL geh. Pistazien

3–4 EL Konfitüre beiseite stellen. Restliche Konfitüre unter die Sahne heben. Den unteren Boden mit der Konfitüre bestreichen und ⅓ der Sanddornsahne darauf verteilen. Mit dem zweiten Boden belegen. Zweites Drittel Sahne darauf verstreichen. Dritten Boden als Deckel darauflegen. Anschließend Deckel und Rand mit Sanddorn-Sahne einstreichen. Mit Sahnetuffs und Sanddornbeeren verzieren. Rand mit Pistazien bestreuen verzieren.

Buttermilchkuchen

500 ml Buttermilch
200 g Zucker
4 Eier
2 Pck. Vanillezucker
abgeriebene Schale 1 Zitrone, unbehandelt
400 g Mehl
2 Pck. Backpulver
500 ml Schlagsahne
150 g Mandelblättchen
2 Pck. Vanillezucker

Buttermilch, Zucker, Eier, Vanillezucker und Zitronenschale schaumig rühren. Mehl und Backpulver vermischen, darübersieben und unterrühren. Teig in ein hohes Backblech geben und glatt streichen. Im vorgeheizten Backofen bei 180 °C ca. 20–30 Minuten backen. Kuchen aus dem Ofen nehmen und mit einem Kochlöffelstiel Löcher hineinstechen. Sahne mit einem Pinsel darüber streichen. Mit Mandelblättchen und Vanillezucker bestreuen und nochmals ca. 10 Minuten backen.

Ostertorte

5 Eigelb
200 g Zucker
12 Zwieback
250 g gem. Haselnüsse
250 g ger. Möhren
Saft u. Schale 1 Zitrone (unbehandelt)
3 TL Backpulver
5 Eiweiß
50 g Schokoraspel
50 g geh. Haselnüsse

Füllung:
750 g Schlagsahne, geschlagen
1 Pck. Vanillezucker

12 kl. Marzipanmöhren

Eigelb und Zucker schaumig rühren. Zwieback fein zerbröseln, mit Haselnüssen, Möhren, Zitronensaft u. -schale und Backpulver vermischen und unter die Eigelbmasse heben. Eiweiß steif schlagen und unterheben. Masse in eine mit Backpapier ausgelegte 28-cm-Springform füllen und mit Schokoraspel und gehackten Haselnüssen bestreuen. Im vorgeheizten Backofen bei 180 °C 60 Minuten backen. Anschließend gut auskühlen lassen. Boden auf eine Tortenplatte setzen und einmal waagerecht durchschneiden. Den unteren Boden mit einem Tortenring umlegen. Sahne und Vanillezucker steif schlagen und darauf verteilen, den zweiten Boden darauflegen. Zwölf Sahnetuffs darauf setzen und mit Marzipanmöhren dekorieren.

Uroma Uses Heidesand

300 g kalte Butter
150 g Puderzucker
1 Prise Salz
400 g Mehl
Mark 1 Vanilleschote
Zucker und Puderzucker zum Wälzen

Alle Zutaten miteinander verkneten und mehre-re Rollen daraus formen. In Klarsichtfolie wickeln und 2–3 Stunden kühl stellen. Anschlie-ßend in dünne Scheiben schneiden, auf ein Back-blech legen und im vorgeheizten Backofen bei 170–190 °C hell ausbacken. In einer Mischung aus Zucker und Puderzucker wälzen.

Norddeutsche Hochzeitstorte

UNTERER BISKUITBODEN:
5 Eier
200 g Zucker
1 Pck. Vanillezucker
200 g Mehl
100 g Weizen-Speisestärke
1 Pck. Backpulver

Eier, Zucker und Vanillezucker schaumig rühren. Mehl, Stärke und Backpulver vermischen, darübersieben und vorsichtig unterheben. Teig in eine mit Backpapier ausgelegte 28-cm-Springform füllen und im vorgeheizten Backofen bei 180°C ca. 30 Minuten backen. Anschließend gut auskühlen lassen. Boden auf die untere Platte des Tortenständers setzen und zweimal waagerecht durchschneiden. Den unteren Boden mit einem Tortenring umlegen.

ERDBEER-SAHNE-FÜLLUNG
UNTERE ETAGE:
300 g Erdbeeren
1000 ml Schlagsahne
6 Pck. Sahnesteif
150 g Zucker

Erdbeeren waschen, putzen und würfeln. Sahne mit Sahnesteif und Zucker steif schlagen und die Erdbeeren unterheben. Die Hälfte der Masse auf dem unteren Boden verstreichen und mit dem zweiten Boden belegen. Restliche Masse darauf verteilen und den dritten Boden als Deckel daraufauflegen.

BISKUITBÖDEN 2+3:
10 Eier
400 g Zucker
2 Pck. Vanillezucker
400 g Mehl
200 g Weizen-Speisestärke
2 Pck. Backpulver

Eier, Zucker und Vanillezucker schaumig rühren. Mehl, Stärke und Backpulver vermischen, darübersieben und vorsichtig unterheben. Biskuit auf zwei hohe Backbleche verteilen, glatt streichen und nacheinander im vorgeheizten Backofen bei 180 °C ca. 15–20 Minuten backen. Anschließend gut auskühlen lassen. Mit einem Tortenring, passend zu den Platten des Tortenständers, jeweils zwei Böden ausstechen.

SCHOKO-CREME-FÜLLUNG
MITTLERE ETAGE:
750 ml Schlagsahne
5 Pck. Sahnesteif
3–5 EL Instant-Kakao-Pulver
50 g Schokoraspel

Sahne mit Sahnesteif und Kakao-Pulver steif schlagen und auf dem unteren Boden der mittleren Torte verstreichen. Mit den zweiten Boden (Deckel) belegen.

ZITRONEN-SAHNE-FÜLLUNG
OBERE ETAGE:
125 ml Wasser
125 ml Zitronensaft
1 TL Zitronenabrieb, unbehandelt
125 g Zucker
4 Blatt Gelatine, weiß
500 ml Schlagsahne, geschlagen

Wasser, Zitronensaft, Zitronenschale und Zucker verrühren. Gelatine in kaltem Wasser einweichen, ausdrücken, auflösen und unterrühren. Anschließend kalt stellen. Wenn die Creme anfängt anzuziehen, die Sahne unterheben und auf dem unteren Boden verstreichen. Mit dem zweiten Boden (Deckel) belegen.

Alle drei Torten in Reihenfolge auf den Tortenständer setzen und mit Buttercreme einstreichen. Nach Geschmack und viel Fantasie ausdekorieren.

BUTTERCREME:
1000 ml Milch
150 g Zucker
3 Prisen Salz
4 Pck. Vanille-Puddingpulver
300 g weiche Butter
75 g Puderzucker

Aus Milch, Zucker, Salz und Puddingpulver nach Packungsanleitung einen festen Pudding herstellen. Erkalten lassen, dabei öfter umrühren damit sich keine Haut bildet.
Butter mit dem Puderzucker sahnig rühren und den erkalteten Pudding löffelweise unterrühren. Butter und Creme müssen sie gleiche Temperatur haben damit die Creme nicht gerinnt.

MARIEN-CAFÉ

Kaffeekannen-Café und
Ferienwohnungen an der Flensburger Förde
Ballastbrücke 22
24937 Flensburg
Tel.: 0461-5009711
Fax: 0461-5009712
www.marien-cafe-flensburg.de
www.kaffeekannenferienwohnung.de
E-Mail: info@marien-cafe-flensburg.de
Öffnungszeiten:
Mo.–So. 8:00–18:00 Uhr
alle Weihnachtstage, Silvester und Neujahr
geschlossen.
Ausstellung von mehr als 3000 gesammelten
Tee- u. Kaffeekannen
vielfältige Frühstückskarte
Kuchen und Torten aus eigener Herstellung
Tortenlieferservice
80 Innenplätze, 40 Außenplätze
Parkplatz direkt am Haus
Behinderten-WC und barrierefreier Zugang
Busparkplatz in 300m Entfernung
Drei „Kaffeekannen" – Ferienwohnungen

CAFÉ ZAUBERBUCHE

Inh. Silke Richert
Dorfstr. 36
25920 Stedesand
Tel.: 04662-8911467
Mobil: 01732018090
E-Mail: mail@cafe-zauberbuche.de
www.cafe-zauberbuche.de
Öffnungszeiten:
Do.–Mo. 14:00–18:00 Uhr
Di. u. Mi. Ruhetag
Gesellschaften nach Absprache.
Für Ihre Festlichkeiten stehen wir jederzeit zur
Verfügung, sprechen Sie mich an.

MARSCHCAFÉ

Hohenhorster Chaussee 28
25489 Hohenhorst/Haselau
Tel.: 04129-757
Fax: 04129-95333

Öffnungszeiten:
täglich ab 14:00 Uhr
Montag Ruhetag
Dez.–Febr. eingeschränkte Öffnungszeiten
60 Innenplätze, 40 Außenplätze
Inmitten des Obstanbaugebietes „Haseldorfer
Marsch" liegt die Reetdachkate mit Südterrasse
und Blick auf die Pferdeweiden bis zum Elbdeich.
Die Spezialität des Hauses sind selbst gebackene
Torten und Kuchen mit Obst aus der Region.
Anfahrt: Aus Norden über die A23 Abfahrt
Tornesch/Uetersen. Aus Süden von Hamburg
über Wedel, Holm, Hetlingen, Haseldorf.

CAFÉ KRANZ

Gabriele Walter
Koppelheck 19
24395 Niesgrau
Tel.: 04643-185356
E-Mail: willkommen@cafekranz.de
www.cafekranz.de
Öffnungszeiten:
Mai–Sept. Di.–So. 13:00–18:00 Uhr
Okt.–Apr., Mi.–So. 13:00–18:00 Uhr
Bei uns können Sie: Geburtstag feiern mit Kaffee
und Kuchen, Freunde einladen zu einem Glas
Wein, gemütlich Tee trinken und lesen, entspan-
nen bei einer guten Tasse Kaffee, bei einem
leckeren Cappuccino mal mit dem Laptop ins
Internet gehen, einen Sherry trinken bei einer
Partie Schach oder Backgammon. Im Herbst
bieten wir Literatur-Lesungen und Tango Argen-
tino für Tänzer, in regelmäßigen Abständen.
Termine im Internet unter: www.tangosalon.
cafekranz.de/

TORTENSTÜBCHEN

Gabriele Schmidt
Jungfernstieg 68a
24340 Eckernförde
04351-6660707
www.tortenstuebchen-eckernfoerde.de
tortenstuebchen@gmx.de

Öffnungszeiten:
Do.–So. 14:00–18:00 Uhr, an allen Feiertagen
sowie 2.Weihnachtstag u. 1. Jan.
Nach dem 1. Adventswochenende
bis zum 26.12. nur Sa. u. So. geöffnet
Gruppen ab 20 Personen nach Vereinbarung
40 Innenplätze
20 Außenplätze
Torten auf Bestellung auch außer Haus

CAFÉ KÜSTENPERLE

Nadine Jacobs
Hafenstr. 112
25718 Friedrichskoog
Tel.: 04854-9097430
www.cafe-kuestenperle.de
E-Mail: kontakt@cafe-kuestenperle.de
Öffnungszeiten:
März–Okt. Di.–So. 14:00–18:00 Uhr
Montag Ruhetag
Nov.–März Fr., Sa., So. 14:00–17:30 Uhr
Tägl. glutenfreie Torten
34 Innenplätze, 22 Außenplätze

DIE WAFFEL STUBE

Inh. Diana Dau
Dorfstr. 8
25881 Tating
Tel.: 04862-201827
www.die-waffelstube.de
E-Mail: kontakt@die-waffelstube.de
Öffnungszeiten:
1. Apr.–31. Okt.
Fr.–Di. 12:00–18:00 Uhr, Mi. u. Do. Ruhetag
1. Nov.–31. Dez., Sa. u. So. 12:00–18:00 Uhr
Aktivitäten:
Waffel Tag, jeden Fr. 14:00–16:00 Uhr
Kaffee Tag, jeden Sa. 14:00–16:00 Uhr
Waffel-/Torten-Buffet, jeden So. 14:00–17:00 Uhr
Kinder Tag, jeden Mo. 14:00–16:00 Uhr
Gedeck Tag, jeden Di. 14:00–18:00 Uhr
Festlichkeiten bis zu 40 Personen nach Abspra-
che. Einzigartig auf Eiderstedt.

Die Waffel Stube bietet eine reichhaltige Auswahl
an Waffelvariationen.
Eine Kuchen- und Torten-Auswahl kommt
täglich frisch aus unseren Backöfen.
Alle Waffeln, Kuchen u. Torten auch außer Haus.

CAFÉ MIT STI(E)L

Gärtnerei Schröder KG
Inh. Familie Albrecht
Große Str. 52
24855 Jübek
Tel.: 04625-8228493
Fax: 04625-1598
info@gaertnerei-schroeder-kg.de
www.gaertnerei-schroeder-kg.de
Öffnungszeiten:
Mo. Ruhetag, Di.–So. 14:00–18:00 Uhr
Sa. u. So. 10:00–12:30 Uhr vielseitiges Frühstücks-
buffet
Jeden 1. Samstag im Monat themenbezogenes
Buffet ab 18:00 Uhr
Januar geschlossen
Verschiedene Sonderveranstaltungen wie: Lichter-
fest, Adventsausstellung, Fahrradrallye etc. Die
entsprechenden Termine entnehmen Sie bitte
unserer Homepage.
Gartenführungen und Gesellschaften nach
Vereinbarung
Barrierefreies Café
50 Innenplätze, 60 Außenplätze u. Lounge
Bitte keine Hunde
Lassen Sie sich bei selbst gebackenen Torten und
Kuchen in unserem 2400 qm großen Mustergar-
ten mit unterschiedlichen Formschnitten, Rosen,
Freilandorchideen, Kräutern und einem romantischen Gartenteich verwöhnen.
Im Sommer befindet sich im alten Gewächshaus
unsere nostalgische Gartengerätesammlung mit
über 160 verschiedenen alten Zinkgießkannen,
diversen Zitruspflanzen sowie Duftgeranien und
allerlei Minzsorten. Unser angrenzendes Floris-
tikfachgeschäft hat zusätzlich einen großen
Dekorationsbereich für drinnen und draußen
sowie florale Werke für jeden Anlass.
Unsere Leidenschaft für alte Dinge lässt uns

immer wieder kleine und große Schätze zusammentragen, die Sie in unserem Dekorationsbereich „Fundstücke" – eine Kombination aus Altem, Neuem und Kuriosem – bestaunen und erwerben können. Vielleicht finden Sie hier ein nostalgisches Unikat für Ihr Zuhause.
Wir freuen uns auf Ihren Besuch.

CAFÉ „ZUM ALTEN PASTORAT"

Verschmelzung von Land, historischen Mauern & zeitgenössischem Genuss
Inh. Sabina Fromberg
Markt 12
25541 Brunsbüttel
Tel.: 04852-9403666
www.cafe-zum-alten-pastorat.de
E-Mail: cafe-pastorat@t-online.de
Öffnungszeiten: ganzjährig
Di.–So. 9:30–12:00 Uhr, 14:30–18:00 Uhr
Montag Ruhetag
Außerhalb der Öffnungstage und -zeiten nur auf Anfrage geöffnet.
36 Innenplätze, 30 Außenplätze

Im liebevoll eingerichteten Café lassen sich hauseigene Köstlichkeiten genießen. Für jeden Geschmack ist etwas dabei. Eine frische Auswahl an Torten und Kuchen, Kaffee- und Teespezialitäten, als auch unser Frühstück lassen keine Wünsche offen.
Wir richten gerne Ihre gesellschaftlichen Anlässe aus. Ob Geburtstag, Hochzeit, Taufe oder Betriebsfeier, das Café ist der ideale Ort für alle Anlässe bis 42 Personen. Zudem haben wir für kleine Feiern ein Separée für bis zu 16 Personen und eine Hofterrasse. Der historische Rahmen und unsere individuelle Küche machen jede Feier zu einem unvergesslichen Erlebnis.
Lassen Sie sich in stilvoller Atmosphäre verwöhnen. Wir unterstützen Sie kompetent mit Menüvorschlägen und Organisation Ihres Rahmenprogramms.
Wir freuen uns auf Ihre Anfrage.

CAFÉ & RESTAURANT MAHRE

Inh. Annette Mahr
Katinger Watt 3 (K 41)
25832 Tönning
Tel.: 04833-1804
Mobil: 0163-4490220
www.mahre.de
www.nordseeparadies.com
Öffnungszeiten:
März–Okt. täglich 12:00–19:00 Uhr
In der Sommersaison durchgehend von 11:00–20:00 Uhr warme Küche.
An lauen Sommerabenden sind wir auch etwas länger für Sie da.
60 Innenplätze, 100 Außenplätze
Neben selbst gebackenen Kuchen und Torten nach Landfrauenart bieten wir auch warme Speisen aus regionalen Zutaten an.
Ganzjährig Termine für Gruppen und Gesellschaften nach Vereinbarung.
Brautpaare können das Angebot des Standesamtes Tönning nutzen, um bei uns am See zu heiraten.
Gerne richten wir auch Ihre Hochzeitsfeier aus.

DIE AUTORIN

Marion Kiesewetter, Schauspielerin und TV-Moderatorin, in Hamburg geboren, wurde als Köchin durch die TV-Sendungen *Bi uns to Hus*, N 3, *Sonntagskonzert* und Johannes B. Kerners Kochsendung im ZDF bekannt. Die Rezepte ihrer ebenfalls im Boyens Buchverlag erschienenen Kochbücher *Das trinkt man an der Waterkant*, *Fürstliche Menüs – Schleswig-Holstein*, *Fürstliche Menüs – Niedersachsen*, *Fürstliche Menüs – Mecklenburg-Vorpommern*, *Obst aus norddeutschen Gärten*, *Salatexpress*, *Aufgefischt I + II*, *Das isst der Norden*, *Auf Krabbenfang* und *Kohl!* entstammen der norddeutschen Region mit ihren erstklassigen kulinarischen Angeboten.
Besonders beliebt sind die Café-Bücher der Autorin. Bereits erschienen: *Eine Sünde wert …* (1), *Kann denn Süßes Sünde sein?* (2), *Nur Süßes im Sinn* (3), *Süße Augenblicke* (4), *Süßes für die Seele* (5), *Auf die süße Tour* (6), *… aber süß muss es sein* (7), *Hier gibt's Süßes!* (8), *Winterlich Süßes*, *Lust auf Frühstück* und *Süße Seelentröster*.

DIE FOTOGRAFEN

Ursula Sonnenberg und ihr Mann Hans Dieter Kellner durchliefen beide eine Ausbildung zu Fotografen, sie mit einer Lehre, er auf der bekannten Münchner Akademie für Fotografie. Seit Jahrzehnten arbeiten sie im gemeinsamen Hamburger Studio an getrennten Aufgaben – sie mit food für Werbung und Verlage, er kreativ und technisch für die Industrie.
In Zusammenarbeit mit Marion Kiesewetter fotografierten sie bisher für den Boyens Buchverlag *Aufgefischt I + II*, *Das isst der Norden*, *Kohl!*, die komplette Cafébuch-Reihe 1 bis 7 sowie *Winterlich Süßes* und *Lust auf Frühstück*.

WEITERE REZEPTE UND AUSFÜHRLICHE BESCHREIBUNGEN DER CAFÉS FINDEN SIE IN UNSERER BELIEBTEN BUCHREIHE

BOYENS
BUCHVERLAG

Band 1
ISBN 978-3-8042-1237-4

Band 4
ISBN 978-3-8042-1353-1

Band 5
ISBN 978-3-8042-1379-1

Band 6
ISBN 978-3-8042-1392-0

Band 2
ISBN 978-3-8042-1271-8

Band 3
ISBN 978-3-8042-1328-9

Band 7
ISBN 978-3-8042-1409-5

Band 8
ISBN 978-3-8042-1421-7

… Fortsetzung folgt

FÜR BESONDERE MOMENTE

ISBN 978-3-8042-1388-3

ISBN 978-3-8042-1400-2

ISBN 978-3-8042-1421-7

... Fortsetzung folgt